생생한 LIVE 중국어 2

www.shinasa.co.kr
음성파일
MP3
무료다운로드

신아사

머리말

"Live 중국어 I "을 출간하고 한 학기 교재로 사용하면서 느꼈던 점과 같이 이 교재를 사용했던 여러 교수님들과의 논의를 거쳐 "Live 중국어 II "를 출간하게 되었습니다. 기본 패턴은 " I "과 같으나 " II "에서는 '주요 표현 및 문법'부분을 보다 공식화시키고 명쾌한 설명을 달아 학습자가 회화와 어법을 동시에 학습할 수 있도록 했다는 것이 달라진 부분입니다.

이 책 "Live 중국어"는 다음의 몇 가지 부분에 초점을 맞추어 편찬 작업을 전개하였습니다.

첫째, 신입생은 초보자와 선행학습자가 뒤섞여 학습하는 경우가 많습니다. 따라서 일반적으로 선택된 교재가 누구에게는 너무 쉽고, 누구에게는 너무 어려워 학습자와 교육자 서로가 수업에 대한 흥미와 만족도가 떨어지게 되었습니다. 따라서 가능한 초보자와 단기 선행학습자가 같이 사용할 수 있도록 구성하였습니다.

둘째, 초급 단계에서는 읽기와 말하기, 쓰기, 듣기의 경계가 분명치 않으므로 읽고, 듣고, 말하는 통합적 성격을 갖고자 하였습니다.

셋째, 학습자의 수준에 맞는 어법등급과 어휘등급을 고려하여 어휘와 내용, 어법 항목을 택하였습니다.

넷째, "Live 중국어"라는 책의 제목처럼 현재 중국에서 생생하게 통용되는 여러 표현 예와 문형 구조를 선별하여 편하였습니다.

다섯째, 대학생 위주의 성인 학습자를 대상으로 한 학기용으로 개발하였습니다.

여섯째, 단계별 학습을 위해 초, 중, 고급의 시리즈 편찬을 목적으로 하고 있습니다.

저희 집필진은 현대 중국어의 생생함을 살리고, 체계 있고 단계별 교육을 위한 첫 작업으로 "Live 중국어 I "을 출간한데 이어 2단계로 "Live 중국어 II "를 출간하게 되었습니다. 지속적으로 수준과 단계에 맞는 내용으로 III, IV를 계속 집필하여 출간할 계획입니다. 보다 알찬 내용의 교재 편찬을 위해 갖은 노력을 다 할 것입니다. 부디 독자 여러분들의 애정 어린 관심과 따뜻한 조언을 부탁드립니다.

끝으로 본 교재의 출간을 위해 물심양면 많은 노력과 지원을 해주신 신아사 여러분들께 또 다시 감사의 말씀을 드립니다.

2014년 8월

집필진 일동 拜上

CONTENTS

이 책의 구성

1

새로운 단어

본문에 나오는 새 단어와 구에 해당하는 어휘의 발음과 의미를 제시하였다.

2

문형확장

본문에서 다루는 문장들 가운데 주요한 표현을 단계적으로 확장해서 표현할 수 있도록 하기 위해 단계적으로 제시하였다.

3

표현 익히기

대화의 언어 환경을 고려하여 필수적으로 익혀야 할 표현들을 주로 다루며, 이들 표현에서 틀리기 쉽거나 어려워하는 어휘로 문장을 구성하여 학습자가 주요 표현을 반드시 익히고 본문을 배울 수 있도록 하였다.

4 주요 표현 및 문법

본문에서 다루어진 필수적인 문법항목을 본문 배우기에 앞서 배울 수 있도록 구성되어 있다. 이와 같이 수업이 진행된다면 익힌 문법을 효율적으로 활용할 수 있으리라 여겨진다. 이 부분이 본 교재의 장점이다.

5 본문

중국어로 의사소통 할 때 가장 필수적이면서 자주 사용되는 표현들을 주제별로 본문을 구성하였다. 주제에 따라 단원별로 구분하여 상황에 맞게 회화를 구성하였다.

6 연습문제

연습문제는 일반연습(연습문제)과 심화연습(workbook) 두 부분 으로 나누어진다. 듣기, 말하기, 읽기, 쓰기 등 언어의 4가지 기능을 모두 고려하여 본문내용을 토대로 연습이 이루어지고, 문화요소를 고려하여 심화연습에 적절히 배정하였다.

학습목표

	주요 표현	문법 포인트
제 1 과	最近我在学跆拳道。요즘 나는 태권도를 배우고 있어.	
학습 목표	진행표현 반어표현 1 사역표현 완료표현	"在 / 正在 / 正" 반어문 "不是 ~吗?" 사역동사 "请, 让, 叫" 완료조사 "了"
제 2 과	他好像跟女朋友分手了。그는 아마도 여자친구와 헤어진 것 같아.	
학습 목표	추측표현 동시충족표현 가능표현 수여표현	부사 "好像" "又 ~又 ~" 조동사 "能" 전치사 "给"
제 3 과	你去过知恩家吗？너 지은이 집에 가 본 적 있니?	
학습 목표	경험표현 존재표현 방향표현 사물단위 표현 2	동태조사 "过" "是"자문 단순방향보어 양사 2
제 4 과	不高兴的事儿都忘掉吧。안 좋은 일은 모두 잊어 버려!	
학습 목표	전환표현 결과표현 1 동작지속표현 확인의문표현	접속사 "不过" 결과보어 시량보어 "是不是 ~?"
제 5 과	下星期要考期中考试了。다음 주면 중간고사야.	
학습 목표	(가까운) 미래표현 제한표현 가정표현 금지, 권고표현	"要 ~了" "才" "如果 ~的话" "别 ~了"
제 6 과	复习	
학습 목표	1 ~5과의 표현을 복습하기	1 ~5과의 문법을 복습하기

	주요 표현	문법 포인트
제 7 과	你期中考试考得怎么样？ 너 중간고사 어떻게 쳤니?	
학습 목표	시점표현 동작상태표현 반어표현 2 강조표현	" ~的时候" 상태보어 "怎么能" "会 ~的"
제 8 과	去年夏天去过一次。 작년 여름에 한 번 가 본 적 있어.	
학습 목표	동작횟수표현 연속표현 동시동작표현 빈도표현	동량보어 "一 ~就 ~" "一边 ~一边 ~" 빈도부사 "经常"
제 9 과	这条裤子我可以试试吗？ 이 바지 제가 입어보아도 될까요?	
학습 목표	시도표현 "조금, 약간"의 의미 선택의문표현 색깔관련표현	동사중첩 "有点儿"과 "一点儿" 접속사"还是" 색깔사
제 10 과	南浦洞的衣服比百货店的便宜。 남포동의 옷은 백화점의 것보다 싸.	
학습 목표	결과표현 2 정도표현 비교표현 1 비교표현 2	"동사 + 中" "~极了" 차등비교 "比" 동등비교 "和(跟) ~一样 / 差不多"
제 11 과	祝你生日快乐! 생일 축하해!	
학습 목표	"갑자기, 뜻밖에"의 의미 선택표현 "막, 방금"의 의미 축하표현	"突然" "或者" "刚" 여러 가지 축하인사
제 12 과	复习	
학습목표	7 ~11과의 표현을 복습하기	7 ~11과의 문법을 복습하기

일러두기

1 이 책은 한국을 배경으로 실제 대학생을 주인공으로 하여 구성되었다.

2 등장인물

강한빈(姜韩斌) : 한국인, 창원거주.
김지은(金知恩) : 한국인, 부산 해운대 거주.
이 준(李 俊) : 중국인, 북경에서 한국으로 유학 온 유학생.
국제 무역 전공, 기숙사 거주.
오소영(吴小莹) : 중국인, 상해에서 한국으로 유학 온 유학생.
한국어 연수, 기숙사 거주.

3 주요 상황

여자친구와 헤어진 강한빈은 기분이 좋지 않고, 이에 이준과 김소영은 한빈을 어떻게 도와줄지 생각한다. 이후 지은이 집에서 처음 만난 오소영에 대해 한빈이는 좋은 인상을 갖게 된다. 기말고사가 끝난 후 네 사람은 광안리의 야경을 보러가고 그 곳에서 소영은 고향(집)에 대한 그리움을 말한다. 소영의 생일을 맞이하여 준이와 한빈이는 어떤 선물을 준비할 지 의논하고, 이후 네 사람은 함께 모여 밥을 먹으며 소영의 생일을 축하한다.

중국어의 품사는 다음과 같이 약자로 표시한다.

명	명사	접	접속사	양	양사
고유	고유명사	대	대명사	조	조사
형	형용사	의대	의문대명사	조동	조동사
동	동사	전	전치사	감	감탄사
부	부사	수	수사	어기	어기조사

생생한
LIVE 중국어
2

www.shinasa.co.kr
음성파일
MP3
무료다운로드

01

最近我在学跆拳道。

요즘 나는 태권도를 배우고 있어.

학습목표

진행표현	"在 / 正在 / 正"
반어표현 1	반어문 "不是 ~吗?"
사역표현	사역동사 "请, 让, 叫"
완료표현	완료조사 "了"

새로운 낱말

已经	yǐjīng	부 이미, 벌써
上课	shàngkè	동 수업하다, 강의하다
跆拳道	táiquándào	명 태권도
每~	měi~	접두 매, 각, …마다
干	gàn	동 하다, ~을 하다
接	jiē	동 받다, 받아들이다
体育馆	tǐyùguǎn	명 체육관
游泳	yóuyǒng	동 수영하다
事儿	shìr	명 일, 사건
好像	hǎoxiàng	부 마치…과 같다
心情	xīnqíng	명 심정, 마음, 기분
唉	ài	감 슬픔이나 안타까움을 나타냄
饭	fàn	명 밥, 식사
请客	qǐngkè	동 접대하다, 초대하다

문형확장

一起吃饭	yìqǐ chīfàn
不是一起吃饭	búshì yìqǐ chīfàn
不是一起吃饭吗	búshì yìqǐ chīfàn ma
你们不是一起吃饭吗	nǐmen búshì yìqǐ chīfàn ma

去体育馆	qù tǐyùguǎn
去体育馆游泳	qù tǐyùguǎn yóuyǒng
去体育馆游泳了	qù tǐyùguǎn yóuyǒng le
我去体育馆游泳了	wǒ qù tǐyùguǎn yóuyǒng le

心情	xīnqíng
心情不太好	xīnqíng bútài hǎo
好像心情不太好	hǎoxiàng xīnqíng bútài hǎo
你好像心情不太好	nǐ hǎoxiàng xīnqíng bútài hǎo

一起吃饭	yìqǐ chīfàn
晚上一起吃饭吧	wǎnshang yìqǐ chīfàn ba
晚上一起吃饭吧, 我请你	wǎnshang yìqǐ chīfàn ba, wǒ qǐng nǐ
晚上一起吃饭吧, 我请你吃饭	wǎnshang yìqǐ chīfàn ba, wǒ qǐng nǐ chīfàn

표현 익히기

주요 표현을 함께 만들어 보아요.

1 요즘에 저는 태권도를 배우고 있어요.

______ 我 ______ ______ 跆拳道。

Zuìjìn zài xué

2 체육관에 가서 수영을 했어요.

我 ______ 体育馆游泳 ______。

qù le

3 엄마는 제게 중국어 공부를 하라고 하셨어요.

妈妈 ______ 我学汉语。

ràng

4 당신 기분이 그다지 좋지 않은 것 같아요.

你 ______ 心情 ______ 好。

hǎoxiàng bútài

주요 표현 및 문법 1

1. 진형표현

동작이 진행되고 있음을 표현하며, 진행을 나타내는 "正(在) ~呢"와 함께 쓰여 동작을 표현한다. 아래의 구조로 진행을 표현할 수 있다.

주어 + **正(在)** + 동사(술어) ~ **(呢)**
주어 + **正** + 동사(술어) ~ **(呢)**
주어 + **在** + 동사(술어) ~ **(呢)**
주어 + 동사(술어) ~ **(呢)**
주어 + **正(在)** + 동사(술어) ~
주어 + **正** + 동사(술어) ~
주어 + **在** + 동사(술어) ~

他**正在**上汉语课**呢**。
他**正**上汉语课**呢**。
他**在**上汉语课**呢**。
他上汉语课**呢**。
她**正在**看电视。
她**正**看电视。
她**在**看电视。

2. 반어표현 "不是 ~吗?"

"不是 ~吗?"(부정문)의 구조로 강한 긍정의미를 강조하는 반어표현이다.

你们**不是**一起吃饭**吗**?
你**不是**学跆拳道**吗**?
他**不是**去图书馆**吗**?
她**不是**去体育馆游泳**吗**?

본문 1

한빈이와 지은이가 함께 밥을 먹는 곳에 이준도 왔다.
하지만 지은이는 이미 가고 없다.

李 俊：知恩呢？你们 不是 一起 吃饭 吗？
Zhī'ēnne? Nǐmen búshì yìqǐ chīfàn ma?

姜韩彬：她 两 点 有课，已经 走了。
Tā liǎngdiǎn yǒukè, yǐ jīng zǒu le.

你呢？不 上课 吗？
Nǐne? Bú shàngkè ma?

李 俊：我 今天 下午 没有 课，晚上 才 有课。
Wǒ jīntiān xiàwǔ méiyǒu kè, wǎnshang cái yǒukè.

姜韩彬：晚上 有 什么 课？
Wǎnshang yǒu shénme kè?

李 俊：最近 我 在 学 跆拳道，每周一 晚上 学。
Zuìjìn wǒ zài xué táiquándào, měizhōu yī wǎnshang xué.

姜韩彬：跆拳道难吗？
Táiquándào nán ma?

李 俊：不太 难，非常 有意思。
Bútài nán, fēicháng yǒuyìsi.

주요 표현 및 문법 2

1. 사역표현

주체자(A)가 행위자(B)로 하여금 동작을 하게 하는 표현이다. 행위자가 행하는 것이 아닌 어떤 이로 하여금 동작을 행하게 하는 사역표현은 사역동사(让, 叫, 请, 使 등)를 사용하여 표현한다. 부정표현은 사역동사(让, 叫, 请 등) 앞에 "不"를 넣어 표현한다.

주체자(A) + 사역동사 + 행위자(B) + 동사 + 목적어

: 请, 让, 叫 등
"A가 B로 하여금 ~하게 하다."

他**请**我吃饭。
妈妈**让**我学汉语。
他不**叫**我去北京找他。

2. 완료표현 "了"

동작이 이미 발생한 '완료'를 표현하기 위해서는 동사술어 뒤에 동태조사 "了"를 넣어 표현한다. 동사술어가 쓰인 문장에서는 문미에 붙는 어기조사 "了"도 같은 의미를 표현한다.

他看**了**那本小说。
女朋友跟我分手**了**。
我去体育馆游泳**了**。
我已经吃饭**了**。

본 문 2

姜韩彬 : 昨天 晚上 你 干 什么 了？　怎么 不接 电话。
Zuótiān wǎnshang nǐ gàn shénme le? Zěnme bùjiē diànhuà。

李　俊 : 昨天 晚上？　我 去 体育馆 游泳了。有 什么 事儿？
Zuótiān wǎnshang? Wǒ qù tǐyùguǎn yóuyǒng le. Yǒu shénme shìr?

姜韩彬 : 想 叫 你 一起 去吃饭。
Xiǎng jiào nǐ yìqǐ qù chīfàn.

李　俊 : 你 好像 心情 不太 好。
Nǐ hǎoxiàng xīnqíng bútài hǎo.

姜韩彬 : 没什么，　有些心情不好的事情。
Méishénme, yǒuxiē xīnqíng bù hǎode shìqíng.

李　俊 : 是吗？ 晚上 一起 吃饭吧，我 请客。
Shìma? Wǎnshang yìqǐ chīfàn ba, wǒ qǐngkè.

연 습 문 제

01 녹음을 듣고 다음 단어에 해당하는 한자를 쓰십시오.

(1) shàngkè

(2) tǐyùguǎn

(3) yóuyǒng

(4) xīnqíng

(5) qǐngkè

(6) hǎoxiàng

02 다음 틀린 문장을 바르게 고치십시오.

(1) 你不太好心情好像。

(2) 他正看书在呢。

(3) 你们在一起看不是电影吗?

연습문제

03 알맞은 표현을 빈칸에 쓰십시오.

了	呢	吧	吗

(1) 他们在做作业 ______

(2) 你们不是一起去图书馆 ______

(3) 我们已经吃完饭 ______

(4) 我们一起看电影 ______

01 다음 대화를 듣고 맞는 표현을 쓰십시오.

(1) A : 你明天晚上有时间吗?

B : 我 ________ 晚上都有课。

(2) A : 马上上课了, 你去哪儿啊?

B : 李老师 ________ 去她办公室。

(3) A : 你怎么不接电话啊?

B : 我 ________ 写作业呢。

02 다음 표현들을 어순에 맞게 쓰십시오.

(1) 我 / 一起 / 和朋友 / 正在 / 呢 / 学习

____

(2) 老师 / 写作业 / 叫我们 / 每天

____

(3) 他 / 去 / 好像 / 了 / 体育馆 / 游泳

____

03 다음 문장을 중국어로 바꾸어 보십시오.

(1) 나는 어제 친구들과 같이 체육관에 가서 수영했다.

(2) 어제 내가 전화했을 때 뭐하고 있었니?

(3) 오늘 내가 살게.

02

他好像跟女朋友分手了。

그는 아마도 여자친구와 헤어진 것 같아.

학습목표

추측표현	부사 "好像"
동시충족표현	"又 ~又 ~"
가능표현	조동사 "能"
수여표현	전치사 "给"

새로운 낱말

见到	jiàndào	동 보다, 만나다
打通	dǎtōng	동 (전화가) 연결되다
也许	yěxǔ	부 어쩌면, 아마도
能 / 不能	néng / bùnéng	조동 할 수 있다 / 할 수 없다
女朋友	nǚpéngyou	명 여자친구
分手	fēnshǒu	동 헤어지다, 이별하다
听说	tīngshuō	동 듣자하니
知道	zhīdao	동 알다, 이해하다
帮	bāng	동 돕다, 도와주다
陪	péi	동 동반하다, 안내하다
炒年糕	chǎoniángāo	명 떡볶이
又	yòu	부 또, 다시
辣	là	형 맵다
手机	shǒujī	명 휴대전화
关机	guānjī	동 전원을 끄다
约	yuē	동 약속하다
找	zhǎo	동 찾다, 구하다
容易 / 难	róngyì/ nán	형 쉽다, 용이하다 / 어렵다
地铁	dìtiě	명 지하철
~站	~zhàn	명 ~역
下	xià	동 내리다
海云台站	Hǎiyúntáizhàn	고유 해운대역

문형확장

见到	jiàndào
见到姜韩彬了	jiàndào Jiāng Hánbīn le
今天见到姜韩彬了	jīntiān jiàndào Jiāng Hánbīn le
你今天见到姜韩彬了吗	nǐ jīntiān jiàndào Jiāng Hánbīn le ma

帮他	bāng tā
能帮他	néng bāng tā
怎么能帮他	zěnme néng bāng tā
不知道怎么能帮他	bù zhīdao zěnme néng bāng tā

约了李俊	yuēle Lǐ Jùn
约了李俊一起去	yuēle Lǐ Jùn yìqǐ qù
约了李俊一起去看电影	yuēle Lǐ Jùn yìqǐ qù kàn diànyǐng
我约了李俊一起去看电影	wǒ yuēle Lǐ Jùn yìqǐ qù kàn diànyǐng

地铁	dìtiě
坐地铁	zuò dìtiě
坐地铁在海云台站下	zuò dìtiě zài Hǎiyúntáizhàn xià
坐地铁在海云台站下就到	zuò dìtiě zài Hǎiyúntáizhàn xià jiù dào

표현 익히기

주요 표현을 함께 만들어 보아요.

1 내가 오전에 그에게 전화했지만 통화하지 못했어요.

我上午 ______ 他打电话, ______ 打通。

gěi　　　méi

2 엄마가 만든 떡볶이는 맵고 맛있어요.

妈妈做的炒年糕 ______ 辣 ______ 好吃。

yòu　　　yòu

3 당신은 왜 전화를 받지 않았나요?

你 ______ 不接电话?

zěnme

4 그럼 너희들 영화 다 보고 난 뒤, 우리 집에 놀러와.

那你们一起看 ______ 电影后 ______ 我家玩儿吧。

wán　　lái

주요 표현 및 문법 1

1. 추측 표현 : "마치 ~와 같다"

그다지 확정적이지 않은 추측이나 느낌을 표현한다. 부사 "好像" 술어 앞에 넣어 표현하고 문미에 "一样"과 함께 쓰이기도 한다.

他**好像**跟女朋友分手了。
你**好像**心情不太好。
他**好像**不是韩国人, 是外国人。
你**好像**有点儿喜欢她, 对吧?

2. 동시 충족표현 : "又⋯⋯ 又⋯⋯"

몇 가지 동작, 상태, 상황이 동시에 존재하거나 발생함을 표현한다.

又 + 형용사1 / 동사1 又 + 형용사2 / 동사2

我妈妈做的炒年糕**又**辣**又**好吃。
你妹妹**又**漂亮**又**聪明。
那个地方**又**远**又**不好找。
李俊最近**又**上课**又**学跆拳道, 非常忙。

본문 1

학교 캠퍼스에서 지은이는 이준을 만난다.

金知恩：你 今天 见到 姜韩彬 了 吗?
Nǐ jīntiān jiàndào Jiāng Hánbīn le ma?

李　俊：没 见到。
Méi jiàndào.

金知恩：我 上午 给 他 打 电话，没 打通。
Wǒ shàngwǔ gěi tā dǎ diànhuà, méi dǎtōng.

李　俊：也许 他 在 上课，不能 接 电话。
Yěxǔ tā zài shàngkè, bùnéng jiē diànhuà.

金知恩：韩彬 最近 心情 不太 好。
Hánbīn zuìjìn xīnqíng bútài hǎo.

李　俊：他 好像 跟 女朋友 分手 了。
Tā hǎoxiàng gēn nǚpéngyou fēnshǒu le.

金知恩：我 也 听说 了，不 知道 怎么 能 帮 他。
Wǒ yě tīngshuō le, bù zhīdao zěnme néng bāng tā.

李　俊：我 周末 想 陪 他一起 看 电影。
Wǒ zhōumò xiǎng péi tā yìqǐ kàn diànyǐng.

金知恩：那 你们 一起 看完 电影 后 来 我 家 玩儿 吧。
Nà nǐmen yìqǐ kànwán diànyǐng hòu lái wǒ jiā wánr ba.
我 妈妈 做的 炒年糕 又 辣 又 好吃。
Wo māma zuòde chǎoniángāo yòu là yòu hǎochī.

李　俊：好啊!
Hǎoa!

주요 표현 및 문법 2

1. 가능·불가능 표현 : 조동사 "能 / 不能"

동사술어 앞에 조동사 "能"을 써서 가능을 표현하고, "不能"을 써서 불가능을 표현한다.

주어 + 能 + 동사술어 + 목적어

不知道怎么**能**帮姜韩彬。
姜韩彬在上课, **不能**接电话。
她病了, **不能**来上课。
我晚上有课, **不能**回家吃饭。

2. "~에게 ~을 (해)주다"표현 : "给"

누군가에게 어떤 행위를 할 때 사용하는 표현으로 전치사 "给"를 사용하여 대상을 지칭하여 표현하게 된다.

주어 + 给("~에게") + 대상 + 동사술어 + 목적어

他**给我**买了一件衣服。
你**给我**打电话了?
我**给你**看那部电影。
我**给他**说了好几遍。

※ 단, 수여의미의 동사 "给"로 쓰일 때의 차이는 구분하여야 한다. "~에게 ~을 주다"의 의미로 표현된다.

주어 + 给("주다") + 대상("~에게") + 사물("~을")

他**给我**一件衣服。
我**给弟弟**100块。

본 문 2

뒤이어 한빈이가 지은이에게 전화를 걸어왔다.

姜韩彬 : 你 给 我 打 电话 了?
Nǐ gěi wǒ dǎ diànhuà le?

金知恩 : 你 怎么 不接 电话?
Nǐ zěnme bùjiē diànhuà?

姜韩彬 : 我 有课, 手机 关机 了。你 有 什么 事儿?
Wǒ yǒu kè, shǒujī guānjī le. Nǐ yǒu shénme shìr?

金知恩 : 你 明天 来 我 家 玩儿吧。
Nǐ míngtiān lái wǒ jiā wánr ba.

姜韩彬 : 明天? 我 约了 李俊 一起 去 看 电影。
Míngtiān? Wǒ yuēle Lǐ Jùn yìqǐ qù kàn diànyǐng.

金知恩 : 那 你们 一起 看完 电影 后 来 我 家 玩儿吧。
Nà nǐmen yìqǐ kànwán diànyǐng hòu lái wǒ jiā wánr ba.

姜韩彬 : 你 家 好 找 吗?
Nǐjiā hǎo zhǎo ma?

金知恩 : 不 难 找, 很 容易 找, 坐 地铁 在 海云台站 下 就到。
Bù nán zhǎo, Hěn róngyì zhǎo, zuò dìtiě zài hǎiyúntáizhàn xià jiùdào.

姜韩彬 : 好, 那 明天 见!
Hǎo, nà míngtiān jiàn!

연 습 문 제

01 녹음을 듣고 다음 단어에 해당하는 한자를 쓰십시오.

(1) tīngshuō

(2) guānjī

(3) róngyì

(4) dìtiě

(5) dǎtōng

(6) yěxǔ

02 다음 틀린 문장을 바르게 고치십시오.

(1) 你妹妹漂亮又聪明又。

(2) 我真的能怎么不知道帮他。

(3) 我买一件给父母衣服。

연 습 문 제

03 알맞은 표현을 빈칸에 쓰십시오.

能	也许	又	给

(1) 韩斌今天 ______ 没来上课。

(2) 他 ______ 我打了好几遍电话。

(3) 我们现在 ______ 说一点汉语了。

(4) ______ 她知道这件事。

WORKBOOK

01 다음 대화를 듣고 맞는 표현을 쓰십시오.

(1) A : 你今天 ______ 李俊了吗?

B : 没有啊, 他最近好像心情不太好。

(2) A : 周末你打算做什么?

B : 我想 ______ 父母看电影。

(3) A : 你们学校好找吗?

B : 嗯, 很 ______ 找。

02 다음 표현들을 어순에 맞게 쓰십시오.

(1) 好像 / 你 / 喜欢 / 有点儿 / 他 / 吧

______

(2) 你 / 帮我 / 能 / 一本书 / 买 / 吗

______

(3) 我 / 生日礼物 / 给朋友 / 买了

______

03 다음 문장을 중국어로 바꾸어 보십시오.

(1) 나는 어제 친구에게 몇 번이나 전화를 걸었다.

(2) 오늘 저녁에 약속이 있어서 집에서 밥을 먹을 수가 없다.

(3) 그녀가 만든 떡볶이는 맵고 맛있다.

03

你去过知恩家吗?

너 지은이 집에 가 본 적 있니?

학습목표

경험표현	동태조사 “过”
존재표현	“是”자문
방향표현	단순방향보어
사물단위 표현 2	양사 2

새로운 낱말

过	guo	조 ~ 한적 있다(경험)
出来 / 出去	chūlai / chūqu	동 나오다 / 나가다
发	fā	동 보내다, 발송하다
短信	duǎnxìn	명 문자 메시지
一直	yìzhí	부 줄곧, 계속
往	wǎng	전 ~를 향하여
然后	ránhòu	접 그런 연후에
第一	dìyī	수 첫 번째, 맨 처음
十字路口	shízìlùkǒu	명 사거리
拐	guǎi	동 돌다, 방향을 바꾸다
大概	dàgài	부 대략, 대강
米	mǐ	양 미터(길이의 단위)
嘛	ma	어기 당연함을 나타냄
进来	jìnlai	동 들어오다
介绍	jièshào	동 소개하다
下载	xiàzài	동 다운로드하다
粉丝	fěnsī	명 팬(fan)
现代公寓	Xiàndàigōngyù	고유 현대아파트
国民银行	Guómínyínháng	고유 국민은행

문형확장

5号出口	wǔhào chūkǒu
从5号出口出来	cóng wǔhào chūkǒu chūlai
从5号出口出来, 往前走	cóng wǔhào chūkǒu chūlai, wǎng qián zǒu
从5号出口出来, 一直往前走	cóng wǔhào chūkǒu chūlai, yìzhí wǎng qián zǒu

国民银行	Guómínyínháng
国民银行的对面	Guómínyínhángde duìmiàn
国民银行的对面是现代公寓	Guómínyínhángde duìmiàn shì Xiàndàigōngyù
国民银行的对面就是现代公寓	Guómínyínhángde duìmiàn jiùshì Xiàndài-gōngyù

最新的电影	zuì xīnde diànyǐng
成龙最新的电影	Chéng Lóng zuì xīnde diànyǐng
下载了成龙最新的电影	xiàzàile Chéng Lóng zuì xīnde diànyǐng
我下载了成龙最新的电影	wǒ xiàzàile Chénglóng zuì xīnde diànyǐng

粉丝	fěnsī
成龙的粉丝	Chéng Lóngde fěnsī
是成龙的粉丝	shì Chéng Lóngde fěnsī
我是成龙的粉丝	wǒ shì Chéng Lóngde fěnsī

표현 익히기 주요 표현을 함께 만들어 보아요.

1 5번 출구로 나오세요.

_____ 5号出口 _____。
Cóng chūlai

2 앞으로 계속 가세요.

一直 _____ 前走。
wǎng

3 찾기 어렵지 않아요.

不 ______ 嘛。
nánzhǎo

4 당신에게 소개할께요.

______ 你 ______ 一下。
Gěi jièshào

주요 표현 및 문법 1

1. 경험 표현 : "过"

동사술어 뒤에 "过"를 붙여서 "~해 본적 있다"의 경험의미를 표현한다. 이미 발생한 과거의 경험을 나타내며, 부정표현은 동사술어 앞에 "没"를 넣어 표현한다.

주어 + 동사 + **过** + 목적어 : 긍정표현

주어 + 没 + 동사 + **过** + 목적어 : 부정표현

我爸爸妈妈**来过**韩国。
他**吃过**法国菜。
我好像**没见过**他。
姜韩彬**没去过**金知恩家。

2. 존재표현 : "是"

어떤 장소에 존재물이나 사람이 존재함을 표현한다.

장소 + **是** + 존재물(사물)

(단, 장소는 존재물보다 크고 넓다.)

学校旁边**是**商店。
我家旁边**是**银行。
图书馆后边**是**山。
桌子上都**是**书。

본문 1

지은이 집으로 가는 길에서...

李　俊 : 你去过知恩家吗?
Nǐ qùguo Zhī'ēn jiā ma?

姜韩彬 : 没去过。她说在海云台站下,
Méi qùguo. Tā shuō zài Hǎiyúntáizhàn xià,

从5号出口出去。
cóng wǔhào chūkǒu chūqu.

李　俊 : 出来了, 然后怎么走?
Chūlai le, ránhòu zěnme zǒu?

姜韩彬 : 这是她发的短信, 你看。
Zhè shì tā fāde duǎnxìn, nǐ kàn.

李　俊 : 从5号出口出来, 一直往前走……
Cóng wǔhào chūkǒu chūlai, yìzhí wǎng qián zǒu……

然后在第一个十字路口往右拐……
ránhòu zài dìyīge shízìlùkǒu wǎng yòu guǎi……

姜韩彬 : 大概走20米, 到国民银行。
Dàgài zǒu èrshímǐ, dào Guómínyínháng.

李　俊 : 国民银行的对面就是现代公寓。
Guómínyínhángde duìmiàn jiù shì Xiàndàigōngyù.

姜韩彬 : 找到了! 这里是现代公寓的入口。
Zhǎodào le! Zhèli shì Xiàndàigōngyùde rùkǒu.

李　俊 : 不难找嘛。
Bùnán zhǎo ma.

对面 맞은편
前面 앞쪽
后面 뒤쪽
左面 왼쪽
右面 오른쪽
上面 위쪽
下面 아래쪽
旁面 옆쪽

주요 표현 및 문법 2

1. 방향 표현 : "단순방향보어"

동작을 나타내는 동사의 방향을 보충 설명하여 구체적인 방향을 표현한다.
동사술어 뒤에 "来"를 붙여 "~오다"를 표현하고, 동사술어 뒤에 "去"를 붙여 "~가다"를 표현한다.

주어 + 동사술어 + **来 / 去** (+ 목적어)

上课了, 我们进去吧。
我们出去吃饭吧。
从我家出来就是地铁站。
从2号出口出去, 往前走30米就是釜山银行。

2. 사물의 단위표현 2 : 양사2

사람이나 사물을 헤아릴 때 사용하는 단위를 "양사"라고 한다. 양사는 수사와 결합하여 명사를 수식하여 수량이나 지시의 의미를 구체적으로 표현한다.

수사 + 양사 + 명사

部	门	家	条	双	件	顶	份
"부, 편" 영화, 서적	"과목" 수업과목	"채, 곳" 건물,관공서	"벌" 바지,치마	"켤레" 쌍,짝	"벌,건" 옷, 사건	"개" 모자	"접시,부" 자료
3과	5과	8과	9과	9과	10과	10과	11과
一部电影	一门课	一家咖啡厅	一条裤子	一双运动鞋	一件大衣	一顶帽子	一份炸猪排

我下载了一部成龙最新的电影。
你考了几门课?
这家咖啡厅的气氛很好。
这条裤子有点儿大。
这双运动鞋多少钱?
我买了一件大衣和一顶帽子。
我要一份炸猪排。

본문 2

지은이 집에 도착하니 소영이도 와 있었다.

金知恩：这 是 我 妈妈!
Zhè shì wǒ māma!

李、姜：阿姨, 您好!
Āyí, nín hǎo!

金妈妈：欢迎, 快 请 进来!
Huānyíng, kuài qǐng jìnlai!

李 俊：啊, 小莹 也 来 了。
Ā, Xiǎoyíng yě lái le.

金知恩：韩彬, 给 你 介绍 一下, 这 是 我的 好 朋友 吴小莹。
Hánbīn, gěi nǐ jièshào yíxià, zhè shì wǒde hǎo péngyou Wú Xiǎoyíng.

李 俊：这 是 姜韩彬, 我的 好 朋友。
Zhè shì Jiāng Hánbīn, wǒde hǎopéngyou.

姜韩彬：你好! 认识 你 很 高兴。
Nǐ hǎo! Rènshí nǐ hěn gāoxìng.

吴小莹：我也很高兴认识你。
Wǒ yě hěn gāoxìng rènshi nǐ.

金知恩：我 下载了 一部 成龙 最 新的 电影, 一起看吧。
Wǒ xiàzàile yíbù Chéng Lóng zuì xīnde diànyǐng, yìqǐ kàn ba.

姜韩彬：太 好 了, 我是 成龙的 粉丝。
Tài hǎo le, wǒ shì Chéng Lóngde fěnsī.

李 俊：我也是!
Wǒ yě shì!

연습문제

01 녹음을 듣고 다음 단어에 해당하는 한자를 쓰십시오.

(1) duǎnxìn

(2) dàgài

(3) jièshào

(4) xiàzài

(5) fěnsī

(6) yìzhí

02 다음 틀린 문장을 바르게 고치십시오.

(1) 请前往走一直就到国民银行。

(2) 早晨起床我洗脸先吃饭然后。

(3) 昨天一部新电影下载了。

연습문제

03 알맞은 표현을 빈칸에 쓰십시오.

过	从	一下	来

(1) 我吃 ______ 中国菜。

(2) 你 ______ 哪儿来?

(3) 请你稍等 ______。

(4) 欢迎欢迎, 快请进 ______。

WORKBOOK

01 다음 대화를 듣고 맞는 표현을 쓰십시오.

(1) A : 你 ________ 中国吗?

B : 还没有。

(2) A : 你家 ________ 找吗?

B : 很容易找。

(3) A : 这位是谁啊?

B : 他是我朋友, 我给你 ________ 吧。

02 다음 표현들을 어순에 맞게 쓰십시오.

(1) 我 / 一些 / 金秀贤的电视剧 / 下载了

____

(2) 粉丝 / 成龙的 / 在韩国 / 很多 / 有

____

(3) 正门 / 出来 / 从 / 就是 / 银行 / 学校

____

WORKBOOK

03 다음 문장을 중국어로 바꾸어 보십시오.

(1) 오늘 오후에 친구에게 문자 메시지를 보냈다.

(2) 직진하다가 사거리에서 우회전하면 바로 우체국이다.

(3) 집에서 나온 지 벌써 1시간 되었다.

04

不高兴的事儿都忘掉吧!

안 좋은 일은 모두 잊어 버려!

학습목표

표현	문법
전환표현	접속사 "不过"
결과표현 1	결과보어
동작지속표현	시량보어
확인의문표현	"是不是 ~?"

새로운 낱말

相当	xiāngdāng	부 상당히, 꽤
不过	búguò	접 그러나, 그런데
痛快	tòngkuài	동 즐겁다, 기분좋다
棒	bàng	형 좋다, 멋지다
忘掉	wàngdiào	동 잊어버리다
酷	kù	형 멋있다, 근사하다, 쿨하다
本来	běnlái	부 원래
潇洒	xiāosǎ	형 멋스럽다
多长时间	duōcháng shíjiān	의대 얼마나
一样	yíyàng	형 똑같다
感兴趣	gǎn xìngqù	동 흥미가 있다, 좋아하다
次	cì	양 차례, 번
印象	yìnxiàng	명 인상
文静 / 文文静静	wénjìng / wénwénjìngjìng	형 조용하다, 차분하다
气质	qìzhì	명 기질, 성격
成龙	Chéng Lóng	고유 성룡

문형확장

好吃	hǎochī
非常好吃	fēicháng hǎochī
炒年糕非常好吃	chǎoniángāo fēicháng hǎochī
知恩妈妈做的炒年糕非常好吃	Zhī'ēn māmā zuòde chǎoniángāo fēicháng hǎochī
有意思	yǒu yìsi
对小莹有意思	duìXiǎoyíng yǒu yìsi
是不是对小莹有意思	shìbúshìduìXiǎoyíng yǒu yìsi
你是不是对小莹有意思呀	nǐ shìbúshìduìXiǎoyíng yǒu yìsi ya
很好	hěn hǎo
印象很好	yìnxiàng hěn hǎo
她给我的印象很好	tā gěi wǒde yìnxiàng hěn hǎo
第一次见面,她给我的印象很好	dì yī cì jiànmiàn, tā gěi wǒde yìnxiàng hěn hǎo
国际贸易专业	guójì màoyì zhuānyè
学国际贸易专业	xué guójì màoyì zhuānyè
是学国际贸易专业	shì xué guójì màoyì zhuānyè
你也是学国际贸易专业吗	nǐ yěshì xué guójìmàoyì zhuānyè ma

표현 익히기

주요 표현을 함께 만들어 보아요.

1 기분 많이 좋아졌어요.

心情 ______ 多了。
hǎo

2 내일은 새로운 해가 뜬다!

明天 ______ 是新的 ______ !
yòu yìtiān

3 그녀가 부산에 온지 얼마나 됐나요?

她来釜山 ______ 了?

duōchángshíjiān

4 너 소영이에게 관심 있니?

你是不是 ______ 小莹 ______ 呀?

duì　　gǎn xìngqù

주요 표현 및 문법 1

1. 전환 표현 : "不过"

두 문장을 접속사 "不过"로 연결하여 전환의 의미를 표현한다.

炒年糕有点儿辣, **不过**非常好吃。
我很想去看电影, **不过**太忙了, 没有时间。
我去过北京, **不过**没去过上海。
我听说过她, **不过**没见过面。

2. 결과표현 : 결과보어

동사술어 뒤에 동사나 형용사와 함께 쓰여 결과의미를 보충하여 결과표현을 하게 된다.
부정표현은 동사술어 앞에 "没"를 넣어 표현한다.

주어 + 동사술어 + 결과보어(동사, 형용사) + 목적어

不高兴的事儿都**忘掉**吧。
见到你很高兴!
我上午打了三个电话, 一个**打通**了, 两个**没打通**。
A : 你的书**找到**了吗?　B : 还**没找到**。

본문 1

지은이 집에서 나와서……

姜韩彬：知恩妈妈做的 炒年糕 非常 好吃。
Zhī'ēn māma zuòde chǎoniángāo fēicháng hǎochī.

李　俊：相当 辣，　不过 吃 辣的 真 痛快!
Xiāngdāng là, búguò chī làde zhēn tòngkuài!

姜韩彬：成龙的 电影 也 很棒。　　　啊! 心情 好 多了。
Chéng Lóngde diànyǐng yě hěn bàng. À! xīnqíng hǎo duō le.

李　俊：不高兴的 事儿 都 忘掉 吧。
Bù gāoxìngde shìr dōu wàngdiào ba.

姜韩彬：对, 明天 又 是 新的 一天!
Duì, míngtiān yòu shì xīnde yìtiān!

李　俊：哦, 很 酷 嘛!
Ó, hěn kù ma!

姜韩彬：那 当然,　我 本来 就 很 潇洒。
Nà dāngrán, wǒ běnlái jiù hěn xiāosǎ.

心情好 기분이 좋다
高兴 기쁘다
痛快 통쾌하다
兴奋 흥분하다
难过 고통스럽다
伤心 상심하다
忧郁 우울하다

주요 표현 및 문법 2

1. 시간의 길이 표현 : “시량보어”

동작이 지속된 시간의 양을 보충 설명한다. 동사술어 뒤에 지속된 시간을 넣어 시간의 길이를 표현한다.

주어 + 동사술어 + 시량보어(수사 + 시간사 : 지속된 시간의 양)

我学了三**年**。

我等了**半天**。

我跑了**两个小时**。

A : 她来釜山多长时间了？　B : 不到一**年**吧。

2. 확인의문표현 : 是不是?

어떤 사실에 대해서 “ ~아니야?”라고 확인하는 어조로 물어보는 의문표현이다. “是不是”를 주어 앞이나 뒤, 문미에 사용하여 문장 전체의미의 사실을 확인하고자 할때 강조하여 묻는 표현이다. (※ 여기서 “是”는 문장의 동사술어가 아니다.)

“是不是” + 주어 + 술어?

주어 + “是不是” + 술어?

주어 + 술어 + 是不是”?

他**是不是**去上海?

你**是不是**对小莹有意思呀?

是不是他去上海?

他去上海**是不是**?

본문 2

姜韩彬：那个吴小莹， 她跟你一样，也是学国际贸易专业的吗?
Nà ge wú xiǎoyíng, tā gēn nǐ yíyàng, yěshì xué guójìmàoyì zhuānyè de ma?

李　俊：不, 她是 韩语系的学生。
Bù, tā shì Hányǔxìde xuésheng.

姜韩彬：她 来 釜山 多长时间 了?
Tā lái Fǔshān duōcháng shíjiān le?

李　俊：不 到 一年 吧。
Bú dào yìnián ba.

姜韩彬：嗯……她 有 男朋友 吗?
En…… Tā yǒu nánpéngyou ma?

李　俊：好像 没有。 哦, 你 是不是 对 小莹 有意思呀?
Hǎoxiàng méiyǒu. Ō, nǐ shìbúshì duì Xiǎoyíng yǒu yìsi ya ?

姜韩彬：怎么说呢…… 第一次 见面， 她 给 我的 印象 很 好。
Zěnme shuō ne……Dì yī cì jiànmiàn, tā gěi wǒde yìnxiàng hěn hǎo.

文文静静的， 很 有 气质。
wénwénjìngjìngde, hěn yǒu qìzhì.

李　俊：哈哈……
Hāhā……

연습문제

01 녹음을 듣고 다음 단어에 해당하는 한자를 쓰십시오.

(1) tòngkuài

(2) xiāosǎ

(3) yìnxiàng

(4) wénjìng

(5) xiāngdāng

(6) wàngdiào

02 다음 틀린 문장을 바르게 고치십시오.

(1) 炒年糕辣相当很痛快吃了。

(2) 姜韩斌就是本来潇洒的人。

(3) 我这件事对不感兴趣。

연습문제

03 알맞은 표현을 빈칸에 쓰십시오.

不过	多	跟	对

(1) 这件衣服很漂亮, ______ 很贵。

(2) 我 ______ 知恩印象很好。

(3) 他 ______ 我一样是中文系的学生。

(4) 吃 ______ 了, 肚子会疼的。

WORKBOOK

01 다음 대화를 듣고 맞는 표현을 쓰십시오.

(1) A : 他的女朋友怎么样?

B : 文文静静的, 很有 ______ 。

(2) A : 他给你的 ______ 怎么样?

B : 好像很潇洒。

(3) A : 不高兴的事情, ______ 吧。

B : 那当然了。

02 다음 표현들을 어순에 맞게 쓰십시오.

(1) 又是 / 明天 / 一天 / 新的

______

(2) 他 / 一样 / 跟我 / 国际贸易 / 也是 / 学 / 的

______

(3) 我 / 一年 / 来昌原 / 不到

______

03 다음 문장을 중국어로 바꾸어 보십시오.

(1) 넌 중국어 배운지 얼마나 되었니?

(2) 난 역사에 관심이 많아.

(3) 친구와 얘기하고 나니 기분이 많이 좋아졌다.

05

下星期要考期中考试了。

다음 주면 중간고사야.

학습목표

(가까운) 미래표현	"要 ~了"
제한표현	"才"
가정표현	"如果 ~的话"
금지, 권고표현	"别 ~了"

새로운 낱말

考试	kǎoshì	명 동 시험, 시험을 치다
期中考试	qīzhōngkǎoshì	명 중간고사
门	mén	양 과목을 세는 양사
另外	lìngwài	대 다른, 별도의
写	xiě	동 쓰다
读书	dú shū	동 책을 읽다, 공부하다
报告	bàogào	명 보고, 보고서
才	cái	부 겨우, 고작
用	yòng	동 쓰다, 사용하다
韩文	Hánwén	명 한국어
完	wán	동 끝내다, 완성하다
复习	fùxí	동 복습하다
如果	rúguǒ	접 만약에
…的话	…dehuà	접미 …하다면
哎	āi	감 상기시킴을 나타냄
别~了	bié~le	부 ~하지 마라
做梦	zuò mèng	동 꿈을 꾸다
好好儿	hǎohāor	부 잘, 충분히

문형확장

考试	kǎoshì
期中考试	qīzhōngkǎoshì
要期中考试了	yào qīzhōngkǎoshì le
下星期要期中考试了	xiàxīngqī yào qīzhōngkǎoshì le

读书报告	dúshū bàogào
写读书报告	xiě dúshū bàogào
写读书报告不容易	xiě dúshū bàogào bù róngyì
写读书报告也不容易呀	xiě dúshū bàogào yě bù róngyì ya

不能玩儿	bùnéng wánr
这个周末不能玩儿	zhège zhōumò bùnéng wánr
这个周末不能玩儿, 要复习	zhège zhōumò bùnéng wánr, yào fùxí
这个周末不能玩儿, 要在家复习	zhège zhōumò bùnéng wánr, yào zài jiā fùxí

考100分	kǎo yìbǎi fēn
我能考100分	wǒ néng kǎo yìbǎi fēn
我能考100分的话就好了	wǒ néng kǎo yìbǎi fēn dehuà jiù hǎo le
如果我能考100分的话就好了	rúguǒ wǒ néng kǎo yìbǎi fēn dehuà jiù hǎo le

표현 익히기 주요 표현을 함께 만들어 보아요.

1 다음 주가 중간고사입니다.

下星期 ______ 考期中考试 ______ 。

yào le

2 한글로 써야 합니다.

______ 用韩文写。

Yào

3 시험이 없으면 좋겠어요.

______ 没有考试 ______ 好了。

Rúguǒ　　　　　　　jiù

4 꿈도 꾸지 마!

______ 做梦 ______ !

Bié　　　　　　　le

주요 표현 및 문법 1

1. (가까운) 미래 표현 : "要……了"

가까운 미래 시간의 발생은 "要……了", "就要……了", "快要……了", "快……了"로 표현할 수 있다.

下星期**要**期中考试**了**。
他们**就要**结婚**了**。
我爸爸下个月**就要**去美国工作**了**。
他**快要**回中国**了**。

※ 단, "快要……了", "快……了"는 시간명사와 함께 쓰일 수 없다.
ex) "明天他快要回中国了。(×)"

2. 제한표현 : "才"

수량의 적음(겨우)이나 일이 순조롭지 못함(비로소, 막, 이제야)은 동사술어 앞에 부사 "才"를 넣어서 표현한다.

주어 + 才 + 동사술어 : (비로소, 막, 이제야)
주어 + 才 + 수량구 : (겨우)

这学期**才**四门课。
他四岁**才**会叫"爸爸"!
她**才**五岁，就会说英语了。

※ "才"는 일이 순조롭지 못하거나 늦게 발생함을 나타낸다면, 이와 반대로 "就"는 일이 순조롭거나 이르게 발생함을 나타낸다.

본문 1

金知恩：下星期 要 考 期中考试 了。
Xiàxīngqī yào kǎo qí zhōng kǎoshì le.

吴小莹：你 考 几门?
Nǐ kǎo jǐmén?

金知恩：六门。你呢?
Liù mén. Nǐ ne?

吴小莹：我 考 四门, 另外 两 门 课 要 写 读书 报告。
Wǒ kǎo sìmén, lìngwài liǎng mén kè yào xiě dúshū bàogào.

金知恩：才 四门, 真 好。
Cái sìmén, zhēn hǎo.

吴小莹：写 读书 报告 也 不容易呀! 要 用 韩文 写。
Xiě dúshū bàogào yě bù róngyì ya! Yào yòng Hánwén xiě.

金知恩：我们 加油 吧!
Wǒmen jiāyóu ba!

吴小莹：好, 考完试 再见!
Hǎo, kǎowán shì zàijiàn!

주요 표현 및 문법 2

1. 가정 표현 : "如果 ~(的话)"

"如果"나 "如果……的话"을 사용하여 가정을 나타내고, 그에 따른 결과도 함께 표현한다.

如果…A(的话), 就 B。

如果没有考试就好了。
如果我有女朋友就好了。
如果好好儿复习**的话**, 你能考100分。
你不去**的话**, 那我也不去。

2. 금지, 권고 표현 : "别…… 了"

"别……了"를 사용하여 상대방에게 금지나 권고하는 표현이다.

别 …… 了

别做梦**了**。
你**别**笑**了**, 他生气了。
你**别**找**了**, 我已经找到了。
你**别**笑**了**, 你笑的话他要生气了。

본문 2

金知恩：你 好像 很 忙 啊!
Nǐ hǎoxiàng hěn máng a!

姜韩彬：唉, 这 个 周末 不 能 玩儿, 要 在 家 复习。
Āi, zhè ge zhōumo bùnéng wánr, yào zài jiā fùxí.

金知恩：我 也 每天 晚上 都 在 图书馆 学习。
Wǒ yě měitiān wǎnshang dōu zài túshūguǎn xuéxí.

姜韩彬：如果 没有 考试 就 好 了。
Rúguǒ méiyǒu kǎoshì jiù hǎo le.

金知恩：你 做梦 呢!
Nǐ zuòmèng ne!

姜韩彬：如果 我 能 考 100 分的 话 就 好了!
Rúguǒ wǒ néng kǎo yìbǎi fēn dehuà jiù hǎole!

金知恩：哎, 别 做梦 了! 你 好好儿 复习吧。
Āi, bié zuòmèng le! Nǐ hǎohāor fùxí ba.

연 습 문 제

01 녹음을 듣고 다음 단어에 해당하는 한자를 쓰십시오.

(1) lìngwài

(2) kǎoshì

(3) fùxí

(4) bàogào

(5) zuòmèng

(6) Hánwén

02 다음 틀린 문장을 바르게 고치십시오.

(1) 这次考试考要四门呢。

(2) 明天不如果下雨就好了。

(3) 这次旅游能你去吗?

연 습 문 제

03 알맞은 표현을 빈칸에 쓰십시오.

好好儿	要	如果	才

(1) 他今年 ________ 十岁。

(2) 这次报告 ________ 用英文写。

(3) ________ 她明天能来就好了。

(4) 明天考试 ________ 复习吧。

WORKBOOK

01 다음 대화를 듣고 맞는 표현을 쓰십시오.

(1) A : 没有考试就好了。

B : 你 ______ 了, 不可能的事情啊。

(2) A : 这件事情很难做, 我们一起 ______ 吧。

B : 好的, 我们一起努力。

(3) A : 这次他一定能给我买礼物。

B : 别 ______ 了, 他不会买的。

02 다음 표현들을 어순에 맞게 쓰십시오.

(1) 我 / 能 / 如果 / 考上 / 北京大学 / 就好了

______

(2) 明天 / 考试 / 要 / 了, 复习 / 好好儿

______

(3) 我 / 一个弟弟 / 有 , 另外 / 姐姐 / 还有个

______

03 다음 문장을 중국어로 바꾸어 보십시오.

(1) 한국어로 보고서를 쓰기가 정말 힘들다.

(2) 만일 내일 비가 안 왔으면 좋겠다.

(3) 우리 모두 다 같이 힘내자.

06

复习 복습

학습목표

1 ~5과의 표현을 복습하기	1 ~5과의 문법을 복습하기

필수어휘

心情	xīnqíng	명 심정, 마음, 기분
手机	shǒujī	명 휴대전화
短信	duǎnxìn	명 문자 메시지
印象	yìnxiàng	명 인상
报告	bàogào	명 보고, 보고서
上课	shàngkè	동 수업하다, 강의하다
游泳	yóuyǒng	동 수영하다
分手	fēnshǒu	동 헤어지다, 이별하다
请客	qǐngkè	동 접대하다, 초대하다
见到	jiàndào	동 보다, 만나다
知道	zhīdào	동 알다, 이해하다
关机	guānjī	동 전원을 끄다
打通	dǎtōng	동 (전화가) 연결되다
听说	tīngshuō	동 듣자하니
发	fā	동 보내다, 발송하다
进来	jìnlai	동 들어오다
下载	xiàzài	동 다운로드하다
痛快	tòngkuài	동 즐겁다, 기분 좋다
忘掉	wàngdiào	동 잊어버리다
感兴趣	gǎn xìngqù	동 흥미가 있다, 좋아하다
考试	kǎoshì	명 동 시험, 시험을 치다
读书	dúshū	동 책을 읽다, 공부하다
复习	fùxí	동 복습하다
做梦	zuòmèng	동 꿈을 꾸다
潇洒	xiāosǎ	형 멋스럽다
好像	hǎoxiàng	부 마치…와 같다
一直	yìzhí	부 줄곧, 계속
相当	xiāngdāng	부 상당히, 꽤
然后	ránhòu	접 그런 연후에
如果	rúguǒ	접 만약에

필수표현

1. 진행표현

他**正在**上汉语课**呢**。
她**在**看电视。

2. 반어 표현 : "不是 ~吗?"

你们**不是**一起吃饭**吗**?
他**不是**去图书馆**吗**?

3. 사역표현

妈妈**让**我学汉语。
想**叫**你一起去吃饭。

4. 완료표현 : "了"

他看**了**那本小说。
跟女朋友分手**了**。

5. 추측표현 : "好像"

他**好像**跟女朋友分手了。
你**好像**心情不太好。

6. 동시충족표현 : "又~又~"

你妹妹**又**漂亮**又**聪明。
那个地方**又**远**又**不好找。

7. 가능표현 : "能"

她病了, 不**能**来上课。
我晚上有课, 不**能**回家吃饭。

필수표현

8. 수여표현 : “给”

他**给**我买一件衣服。
我**给**你看那部电影。

9. 경험표현 : “过”

他吃**过**法国菜。
我好像没见**过**他。

10. 존재표현

学校旁边**是**商店。
我家旁边**是**银行。

11. 방향표현

从我家**出来**就是地铁站。
我们**出去**吃饭吧。

12. 전환표현 : “不过”

炒年糕有点儿辣, **不过**非常好吃。
我很想去看电影, **不过**太忙了, 没有时间。

13. 결과표현

不高兴的事儿都**忘掉**吧。
见到你很高兴!

14. 동작지속표현

我跑了**两个小时**。
我等了**半天**。

15. 확인의문표현 : "是不是 ~"

你**是不是**对小莹有意思呀?
他**是不是**去上海?

16. (가까운) 미래표현

下星期**要**期中考试**了**。
我爸爸下个月**就要**去美国工作**了**。

17. "才"

她**才**五岁, 就会说英语了。
他四岁**才**会叫"爸爸"!

18. "如果~"

如果没有考试就好了。
如果我有女朋友就好了。

19. "别~了"

别做梦**了**。
你**别**笑了, 他生气**了**。

07

你期中考试考得怎么样?

너 중간고사 어떻게 쳤니?

학습목표

시점표현	“ ~的时候”
동작상태표현	상태보어
반어표현 2	“怎么能”
강조표현	“会 ~的”

새로운 낱말

记得	jìde	동 기억하고 있다
夸奖	kuājiǎng	동 칭찬하다
留学	liúxué	동 유학하다
习惯	xíguàn	동 적응하다, 익숙해지다
需要	xūyào	동 필요하다
帮助	bāngzhù	명 도움
尽管	jǐnguǎn	부 얼마든지, 마음 놓고
告诉	gàosu	동 말하다, 알리다
听力	tīnglì	명 듣기
别的	biéde	대 다른 것
提高	tígāo	동 향상시키다
中文	zhōngwén	명 중국어
办法	bànfǎ	명 방법
聊天	liáotiān	동 잡담하다
还	hái	부 또, 아직
夜景	yèjǐng	명 야경
会	huì	조동 ~ 할 줄 안다
主意	zhǔyì	명 생각, 아이디어
广安里	Guǎngānlǐ	고유 광안리

문형확장

见过一面	jiànguo yí miàn
在知恩家见过一面	zài Zhī'ēn jiā jiànguo yí miàn
我们在知恩家见过一面	wǒmen zài Zhī'ēn jiā jiànguo yí miàn
上次我们在知恩家见过一面	shàngcì wǒmen zài Zhī'ēn jiā jiànguo yí miàn

真好	zhēn hǎo
说得真好	shuōde zhēn hǎo
韩语说得真好	Hányǔ shuōde zhēn hǎo
你韩语说得真好	nǐ Hányǔ shuōde zhēn hǎo

怎么样	zěnmeyàng
考得怎么样	kǎode zěnmeyàng
期中考试考得怎么样	qīzhōngkǎoshì kǎode zěnmeyàng
你期中考试考得怎么样	nǐ qīzhōngkǎoshì kǎode zěnmeyàng

看中文电影	kàn zhōngwén diànyǐng
经常看中文电影	jīngcháng kàn zhōngwén diànyǐng
经常看中文电影是一个办法	jīngcháng kàn zhōngwén diànyǐng shì yí ge bànfǎ
他告诉我经常看中文电影是一个办法	tā gàosu wǒ jīngcháng kàn zhōngwén diànyǐng shì yí ge bànfǎ

표현 익히기 주요 표현을 함께 만들어 보아요.

1 지난 번에 우리는 지은이 집에서 한 번 만난 적 있어요.

上次我们在知恩家 ______ 过一 ______ 。

jiàn　　　　miàn

2 당신 한국어 정말 잘해요.

你韩语 ______ 真好。

shuōde

3 당신이 어떤 도움이 필요하다면, 언제든 나에게 알려주세요.

你 ____ (xūyào) 什么帮助 ____ (dehuà)， ____ (jǐnguǎn) 告诉我。

4 어떻게 듣기능력을 향상시킬 수 있을까요?

____ (Zěnme) 能 ____ (tígāo) 听力呢?

주요 표현 및 문법 1

1. 시점표현 : "~的时候"

동작발생이나 상황의 시점은"~的时候(~할 때)"를 문장 앞에 넣고 표현하여 동작발생 시점이나 상황시점을 구체적으로 표현한다.

你们考试**的时候**不能看书。
我回家**的时候**我的妈妈不在。
刚来**的时候**不习惯，现在好多了。
我们到火车站**的时候**，火车已经开走20分钟了。

2. 동작상태 표현 : 상태보어

동작의 상태나 상황표현은 동사술어 뒤에 구조조사 "得"와 그 뒤 동작 상태나 상황을 상세하게 묘사하여 표현한다. 부정이나 의문을 표현할 때는 "得" 뒷부분에서 "不"로 부정한다.
일반의문이나 정반의문도 표현할 수 있다.

주어 + 동사·형용사 술어 + <得 + 상태보어>

긍정	부정	일반의문	긍정부정의문
他说得很快。	他说得不快。	他说得快吗?	他说得快不快?
我吃得很饱。	我吃得不饱。	我吃得饱吗?	我吃得饱不饱?
她考得非常好。	她考得不好。	她考得好吗?	她考得好不好?

행위대상(목적어)을 표현하고자 할 때는 다음과 같이 표현한다. 단, 동사술어[1]는 생략이 가능하다.

주어 + (동사술어1) + 목적어 + 동사술어2 + <得 + 상태보어>

我(吃)饭吃得很好。 【긍정】
我(吃)饭吃得**不好**。 【부정】
你(吃)饭吃得好吗? 【일반의문】
你(吃)饭吃得好不好? 【정반의문】

본문 1

학교 안에서 한빈이는 소영이와 마주쳤다.

姜韩彬 : 吴小莹， 你好。你 还 记得 我 吗?
Wú Xiǎoyíng, nǐ hǎo. nǐ hái jìde wǒ ma?

吴小莹 : 上 次 我们 在 知恩 家 见过 一 面， 你 叫……
Shàngcì wǒmen zài Zhī'ēn jiā jiànguo yí miàn, nǐ jiào……

姜韩彬 : 我 叫 姜韩彬。
Wǒ jiào Jiāng Hánbīn.

吴小莹 : 呵, 好久不见!
Hē, hǎojiǔbújiàn!

姜韩彬 : 你 韩语 说得 真好。
Nǐ Hányǔ shuōde zhēn hǎo.

吴小莹 : 哪里哪里。你 汉语 说得 也 不错 呀。
Nǎlinǎli. Nǐ Hànyǔ shuōde yě búcuò ya.

姜韩彬 : 谢谢 你的 夸奖。来 韩国 留学 不容易 吧。
Xièxie nǐde kuājiǎng. Lái Hánguó liúxué bù róngyì ba.

吴小莹 : 刚来的 时候 不习惯， 现在 好 多 了。
Gāngláide shíhou bù xíguàn, xiànzài hǎoduō le.

姜韩彬 : 你 需要 什么 帮助的 话， 尽管 告诉 我。
Nǐ xūyào shénme bāngzhù dehuà, jǐnguǎn gàosu wǒ.

吴小莹 : 谢谢你。
Xièxie nǐ.

去的时候 갈 때
上课的时候 수업할 때
吃饭的时候 밥 먹을 때
高二的时候 고2 때
小的时候 어렸을 때

주요 표현 및 문법 2

1. 반어표현 2 : "怎么能 ~"

"怎么能 ~"을 동사술어 앞에 써서 "어찌 ~할 수 있는가?"의 의미를 표현한다.

주어 + 怎么能 + 동사술어?

怎么能骗人?
怎么能不吃饭?
怎么能说话不算数?
怎么能提高听力呢?

2. 강조표현 : "会 ~的"

동사술어 앞에 "会"를 써서 "~할 것이다"의 가능의미과 추측의미를 표현하고, 문미에 "的"사용하여 강한 추측을 나타낸다.

주어 + 会 + 동사술어 + ~的

她一定**会**很高兴**的**。
他一定**会**成功**的**。
她**会**提高汉语能力**的**。
我**会**得到好成绩**的**。

본문 2

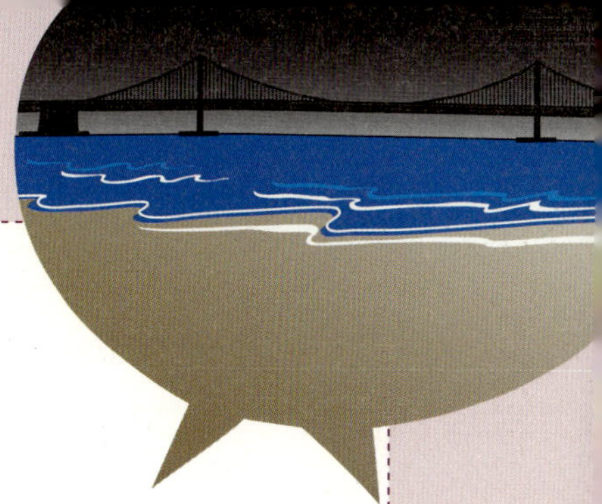

중간고사가 끝나고……

金知恩 : 你 期中考试 考得 怎么样?
Nǐ qīzhōngkǎoshì kǎode zěnmeyàng?

姜韩彬 : 汉语 听力 考得 不太 好, 别的 课 考得 不错。
Hànyǔ tīnglì kǎode bútàihǎo, biéde kè kǎode búcuò.

金知恩 : 我也 觉得 听力 很 难。
Wǒ yě juéde tīnglì hěn nán.

姜韩彬 : 怎么 能 提高 听力 呢?
Zěnme néng tígāo tīnglì ne?

金知恩 : 王平 老师 告诉 我 经常 看 中文 电影 是 一个 办法。
Wáng Píng lǎoshī gàosu wǒ jīngcháng kàn zhōngwén diànyǐng shì yí ge bànfǎ.

姜韩彬 : 和 中国 朋友 一起 聊天, 也 是 个 好 办法 吧。
Hé zhōngguó péngyou yìqǐ liáotiān, yě shì ge hǎo bànfǎ ba.

金知恩 : 那 这个 周末 我们 约 李俊 一起 玩儿 吧。
Nà zhè ge zhōumò wǒmen yuē Lǐ Jùn yìqǐ wánr ba.

姜韩彬 : 还 有 吴小莹 呢?
Hái yǒu Wú Xiǎoyíng ne?

金知恩 : 小莹 不 忙的 话, 我们 一起 去 广安里 看 夜景 吧。
Xiǎoyíng bù máng dehuà, wǒmen yìqǐ qù Guǎngānlǐ kàn yèjǐng ba.
她 一定 会 很 高兴 的。
Tā yídìng huì hěn gāoxìngde.

姜韩彬 : 好主意!
Hǎo zhǔyì!

연습문제

01 녹음을 듣고 다음 단어에 해당하는 한자를 쓰십시오.

(1) kuājiǎng

(2) liúxué

(3) xíguàn

(4) gàosu

(5) tígāo

(6) liáotiān

02 다음 틀린 문장을 바르게 고치십시오.

(1) 我的汉语不说得好。

(2) 别告诉他这个消息，他很会伤心的。

(3) 你需要钱的话，跟我尽管说。

연습문제

03 알맞은 표현을 빈칸에 쓰십시오.

的时候	会	怎么能	得

(1) 上课 ______ 请不要说话。

(2) 他 ______ 对我这样?

(3) 他把衣服洗 ______ 很干净。

(4) 明天考试你 ______ 考好的。

WORKBOOK

01 다음 대화를 듣고 맞는 표현을 쓰십시오.

(1) A : 你汉语学得怎么样?

B : ________ 很有意思, 不过现在觉得很难。

(2) A : ________ 说好汉语呢?

B : 和中国朋友一起聊天是个好办法。

(3) A : 知恩怎么没来?

B : 她一会儿 ________ 。

02 다음 표현들을 어순에 맞게 쓰십시오.

(1) 考试 / 他 / 考得 / 很好 / 这次

____

(2) 你 / 帮助的时候 / 需要 / 跟我 / 尽管 / 说

____

(3) 他 / 会 / 一定 / 很高兴 / 的

____

03 다음 문장을 중국어로 바꾸어 보십시오.

(1) 지난번 도서관에서 한번 만난 적이 있어요.

(2) 급하지 않으면 내일 해도 될까요?

(3) 그가 다음 달에 이 교수님을 찾아 올 거에요.

08

去年夏天去过一次。

작년 여름에 한 번 가 본 적 있어.

학 습 목 표

동작횟수표현	동량보어
연속표현	"一 ~就 ~"
동시동작표현	"一边 ~一边 ~"
빈도표현	빈도부사 "经常"

새로운 낱말

大海	dàhǎi	명 바다
味道	wèidao	명 맛
想起	xiǎngqi	동 떠올리다, 생각나다
想	xiǎng	동 생각하다, 그리워하다
预订	yùdìng	동 예약하다
机票	jīpiào	명 비행기표, 항공권
放	fàng	동 (학교, 직장 등이)쉬다
寒假	hánjià	명 겨울방학
风	fēng	명 바람
凉	liáng	형 선선하다, 서늘하다
咖啡厅	kāfēitīng	명 카페
刨冰	bàobīng	명 빙수
好	hǎo	부 아주, 상당히
香	xiāng	형 향기롭다, 맛있다
家	jiā	양 가게, 기업 등을 세는 단위
气氛	qìfen	명 분위기
浪漫	làngmàn	형 낭만적이다
呀	ya	어기 한탄을 나타냄
广安大桥	Guǎngāndàqiáo	고유 광안대교
外滩	Wàitān	고유 와이탄
上海	Shànghǎi	고유 상하이
东方明珠	Dōngfāngmíngzhū	고유 동방명주
美式咖啡	Měishìkāfēi	고유 아메리카노
卡布奇诺	Kǎbùqínuò	고유 카푸치노

문형확장

在外滩 zài Wàitān
一起在外滩 yìqǐ zài Wàitān
跟爸爸妈妈一起在外滩 gēn bàba māma yìqǐ zài Wàitān
去年跟爸爸妈妈一起在外滩 qùnián gēn bàba māma yìqǐ zài Wàitān

寒假 hánjià
放寒假 fàng hánjià
放寒假就回上海 fàng hánjià jiù huí Shànghǎi
一放寒假就回上海 yí fàng hánjià jiù huí Shànghǎi

很好 hěn hǎo
气氛很好 qìfēn hěn hǎo
咖啡厅的气氛很好 kāfēitīngde qìfen hěn hǎo
这家咖啡厅的气氛很好 zhèjiā kāfēitīngde qìfen hěn hǎo

来这儿 lái zhèr
我经常来这儿 wǒ jīngcháng lái zhèr
我经常来这儿, 喝咖啡, 看海 wǒ jīngcháng lái zhèr, hē kāfēi, kàn hǎi
我经常来这儿, 一边喝咖啡, 一边看海 wǒ jīngcháng lái zhèr, yìbiān hē kāfēi, yìbiān kàn hǎi

표현 익히기

주요 표현을 함께 만들어 보아요.

1 나는 이미 비행기표를 예약했어요.

我 ______ 预订 ______ 机票。

yǐjīng　　　　le

2 겨울방학이 되면 상하이로 돌아가요.

______ 放寒假 ______ 回上海。

Yī　　　　jiù

3 저녁 바닷바람은 조금 서늘해요.

晚上的海风 ______ 凉。

yǒudiǎnr

4 커피를 마시면서 바다를 봐요.

______ 喝咖啡, ______ 看海。

Yìbiān　　yìbiān

주요 표현 및 문법 1

1. 동작횟수 표현 : 동량보어

동작(행위)의 횟수보충은 동사술어 뒤에 수사와 동량사(次, 回, 遍, 趟 등)를 함께 써서 동작의 반복횟수를 표현한다.

주어 + 동사술어 + 동량보어 (수사 + 동량사)

他看了**两次**。
我去年夏天去过**一次**水上乐园。
请再说**一遍**。
我去过**一趟**北京。

※ 동량사의 의미 : 동량사들 모두 "번, 차례"의 의미이나 동량사들 간에 약간의 의미 차이가 있다.

次, 回 : 동작의 반복 횟수
遍 : 처음과 끝, 전체의 반복 횟수
趟 : 왕복의 반복 횟수

2. 연속표현 : "一 ~就 ~"

한 동작(동사술어1)이 발생하자마자 연이도 다른 동작(동사술어2)이 발생함을 표현할 때 "一 ~就 ~"구문을 써서 표현한다.

주어 + 一 + 동사술어1 + 就 + 동사술어2

他**一**听**就**懂了。
我**一**看**就**知道。
我**一**到学校**就**上课。
小莹**一**放寒假**就**回上海。

본문 1

광안리 해변가에서……

放假 방학하다

放寒假 겨울방학하다

放暑假 여름방학하다

李　俊：晚上的 广安大桥 更 漂亮!
Wǎnshangde Guǎngāndàqiáo gèng piàoliang!

金知恩：啊, 大海的 味道!
Ā, dàhǎide wèidao!

吴小莹：我 想起 去年 跟 爸爸妈妈 一起 在 外滩……
Wǒ xiǎngqǐ qùnián gēn bàba māma yìqǐ zài Wàitān……

姜韩彬：你 家 在 上海 吗?
Nǐ jiā zài Shànghǎi ma?

吴小莹：是, 你 去过 上海 吗?
Shì, nǐ qùguo Shànghǎi ma?

姜韩彬：去年 夏天 去过 一次。外滩的 夜景、东方明珠 非常 漂亮。
Qùnián xiàtiān qùguo yícì. Wàitānde yèjǐng、Dōngfāngmíngzhū fēicháng piàoliang.

金知恩：小莹, 你 有点儿 想 家 了 吧。
Xiǎoyíng, nǐ yǒudiǎnr xiǎng jiā le ba.

吴小莹：嗯, 我 已经 预订了 机票, 一 放 寒假 就 回 上海。
En, wǒ yǐjīng yùdìng le jīpiào, yí fàng hánjià jiù huí Shànghǎi.

주요 표현 및 문법 2

1. 동시동작 표현 : "一边 ~一边 ~"

한 동작을 하면서 또 다른 동작이 동시에 진행될 때 "一边 ~ 一边 ~"을 써서 표현한다.

주어 + 一边 + 동사술어$_1$ + 一边 + 동사술어$_2$

我经常**一边**看电视**一边**吃饭。
他喜欢**一边**看书**一边**听音乐。
她**一边**走**一边**打电话。
我经常来这儿, **一边**喝咖啡, **一边**看海。

2. 빈도표현 : "经常"

동사술어 앞에 "经常"을 써서 "항상, 자주, 늘" 의미로 규칙적인 동작의 빈도를 표현한다. 같은 의미인 "常常"은 불규칙적인 의미가 강하다.

주어 + 经常 + 동사술어

他**经常**运动。
她**经常**跟他一起去看电影。
他的记忆力不好, **经常**忘记关门。
冬天我**经常**感冒。

본문 2

吴小莹：晚上的 海风 有点儿 凉。
Wǎnshangde hǎifēng yǒudiǎnr liáng.

姜韩彬：那 我们 去喝 杯 咖啡 吧。
Nà wǒmen qù hē bēi kāfēi ba.

李　俊：好!
Hǎo!

커피숍에서……

金知恩：我们 要 两 杯 美式咖啡、
Wǒmen yào liǎngbēi měishìkāfēi、
一杯 卡布奇诺 和 一个 刨冰。
yìbēi kǎbùqínuò hé yíge bàobīng.

店　员：请 稍 等。
Qǐng shāo děng.

姜韩彬：咖啡的 味道 好香 啊!
Kāfēide wèidào hǎoxiāng a!

吴小莹：这 家 咖啡厅的 气氛 很 好。
Zhè jiā kāfēitīngde qìfen hěn hǎo.

金知恩：我 经常 来 这儿，一边 喝 咖啡，一边 看海。
Wǒ jīngcháng lái zhèr, yìbiān hē kāfēi, yìbiān kàn hǎi.

李　俊：你 好 浪漫 呀。
Nǐ hǎo làngmàn ya.

연습문제

01 녹음을 듣고 다음 단어에 해당하는 한자를 쓰십시오.

(1) yùdìng

(2) wèidao

(3) qìfen

(4) dàhǎi

(5) làngmàn

(6) jīpiào

02 다음 틀린 문장을 바르게 고치십시오.

(1) 我这本书两次看过。

(2) 那只小狗看见一我就跑了。

(3) 吃一边饭，看一边电视。

연습문제

03 알맞은 표현을 빈칸에 쓰십시오.

两次	经常	一边	就

(1) 我去过 ______ 日本。

(2) 他喜欢 ______ 看书, ______ 听音乐。

(3) 昨天太累了, 一躺下 ______ 睡着了。

(4) 你 ______ 去中国吗?

WORKBOOK

01 다음 대화를 듣고 맞는 표현을 쓰십시오.

(1) A : 你是不是有点儿 ________ ?

B : 嗯, 好久没回家看父母了。

(2) A : 那家咖啡厅怎么样?

B : 气氛很好, 而且咖啡的味道 ________ 。

(3) A : 你去过 ________ 釜山?

B : 每个暑假都去。

02 다음 표현들을 어순에 맞게 쓰십시오.

(1) 我 / 去年 / 想起 / 跟朋友 / 在韩国 / 一起 / 旅游

____

(2) 他 / 预订好了 / 已经 / 机票 / 回家 / 的

____

(3) 我们 / 两杯 / 和 / 咖啡 / 要 / 一个冰淇淋

____

03 다음 문장을 중국어로 바꾸어 보십시오.

(1) 당신은 정말 낭만적인 것 같아요.

(2) 저는 분위기 좋은 식당에서 친구들이랑 저녁 한 번 먹고 싶어요.

(3) 그는 책을 읽으면서 음악을 듣는다.

09

这条裤子我可以试试吗?

이 바지 제가 입어 보아도 될까요?

학 습 목 표

시도표현	동사중첩
“조금, 약간”의 의미	“有点儿”과 “一点儿”
선택의문표현	접속사“还是”
색깔관련표현	색깔사

새로운 낱말

条	tiáo	양 가늘고 긴 것을 세는 단위
裤子	kùzi	명 바지
可以	kěyǐ	조동 ~ 해도 된다
试	shì	동 시도하다, 시험하다
一点儿	yìdiǎnr	수 조금, 약간
大小	dàxiǎo	명 크기
钱	qián	명 돈
多少钱	duōshaoqián	의대 얼마입니까?
块	kuài	양 중국 화폐단위
便宜	piányi	형 싸다
上市	shàngshì	동 출시되다, (시장에) 나오다
东西	dōngxi	명 물건
双	shuāng	양 짝, 켤레
运动鞋	yùndòngxié	명 운동화
颜色	yánsè	명 색깔
黑色	hēisè	명 검은색
蓝色	lánsè	명 파란색
贵	guì	형 귀하다, 비싸다
名牌	míngpái	명 브랜드
耐克	Nàikè	고유 나이키

문형확장

试试　shìshi
可以试试　kěyǐ shìshi
我可以试试吗　wǒ kěyǐ shìshi ma
这条裤子我可以试试吗　zhètiáo kùzi wǒ kěyǐ shìshi ma

新上市　xīn shàngshì
新上市的裤子　xīn shàngshìde kùzi
这是新上市的裤子　zhè shì xīn shàngshìde kùzi
这是新上市的裤子，不能便宜　zhè shì xīnshàngshìde kùzi, bùnéng piányi

多少　duōshao
多少钱　duōshao qián
运动鞋多少钱　yùndòngxié duōshao qián
这双运动鞋多少钱　zhè shuāng yùndòngxié duōshao qián

买东西　mǎi dōngxi
去买东西　qù mǎi dōngxi
我要去买东西　wǒ yào qù mǎi dōngxi
回上海前我要去买东西　huí Shànghǎi qián wǒ yào qù mǎi dōngxi

표현 익히기

주요 표현을 함께 만들어 보아요.

1 이 바지 제가 입어보아도 될까요?

这条裤子我 ______ ______ 吗?

kěyǐ　shìshi

2 이 바지는 조금 큽니다, 좀 더 작은 것은 없나요?

这条裤子 ______ 大, 有没有小 ______ 的?

yǒudiǎnr　yìdiǎnr

3 좀 싸게 해 주실 수 있어요?

＿＿＿＿ 便宜 ＿＿＿＿ ?

Néngbunéng　　　yìdiǎnr

4 이 운동화는 얼마입니까?

这 ＿＿＿＿ 运动鞋 ＿＿＿＿ ?

shuāng　　　duōshaoqián

주요 표현 및 문법 1

1. 완곡표현 : 동사 중첩

완곡, 시도, 짧은 시간에 발생하는 동작 표현을 위해 동사(a : 일음절동사, ab : 이음절 동사)를 아래와 같이 중첩형식하여 표현한다.

a (等, 看, 试 등) : aa, a一a, a一下
ab (学习, 研究, 休息 등) : abab, ab一下

这条裤子我可以**试试**吗?
这是37号的, 您**试一试**吧。
我们在这儿**休息休息**吧。
A : 这是谁的手机?
B : 我**看一看**, 这好像是知恩的手机。
A : 你周末经常干什么?
B : 我周末经常在家**看看**书、**听听**音乐、**帮**妈妈做做菜什么的。

2. "조금, 약간"의 의미 : "有点儿 & 一点儿"의 비교

"조금, 약간"의 의미를 표현하는 "有点儿"과 "一点儿"은 의미와 문장구조의 차이가 있다.

有点儿 & 一点儿 의미

有点儿 - 상황이나 조건이 불만족스럽거나 부족함이 있음을 의미함.
一点儿 - 정도나 수량이 "조금, 약간"을 의미함.

有点儿 & 一点儿 위치

주어 + 有点儿 + 형용사술어 - [술어를 앞에서 수식하는 부사어]
주어 + 형용사술어 + 一点儿 - [술어를 뒤에서 수식하는 보어]

有点儿不高兴。
她心情好**一点儿**了。
这条裤子**有点儿**大, 有没有小**一点儿**的?
这双运动鞋太贵了, 能不能便宜**一点儿**?

본문 1

소영이가 상하이의 한 백화점에 있다.

吴小莹 : 这 条 裤子 我 可以 试试 吗?
Zhè tiáo kùzi wǒ kěyǐ shìshi ma?

店　员 : 可以。
Kěyǐ.

吴小莹 : 这 条 裤子 有点儿 大, 有 没有 小 一点儿的?
Zhè tiáo kùzi yǒudiǎnr dà, yǒuméiyǒu xiǎo yìdiǎnrde?

店　员 : 您 再 试一试 这 条 吧。
Nín zài shìyishì zhè tiáo ba.

吴小莹 : 大小 正好, 多少 钱?
Dàxiǎo zhènghǎo, duōshao qián?

店　员 : 420 块。
Sìbǎi èrshí kuài.

吴小莹 : 能不能 便宜 一点儿?
Néngbunéng piányi yìdiǎnr?

店　员 : 对不起, 这 是 新 上市的 裤子, 不能 便宜。
Duìbuqǐ, zhè shì xīnshàngshìde kùzi, bùnéng piányi.

吴小莹 : 那, 我 要 这 条。
Nà, wǒ yào zhè tiáo.

주요 표현 및 문법 2

1. 선택의문 표현 : "还是"

둘 혹은 그 이상의 상황선택을 물을 때 접속사 "还是"로 선택의문을 표현한다.
A, B는 단어, 구, 문장 모두 가능하다.

A 还是 B?

你去**还是**我去? [你와 我의 선택]
你明天去**还是**后天去? [明天와 后天의 선택]
你要吃炒饭**还是**(吃)炸酱面? [炒饭와 炸酱面의 선택]
您要黑色的, **还是**蓝色的? [黑色的와 蓝色的의 선택]

2. 색깔관련 표현

	红 붉다	黄 노랗다	蓝 파랗다	绿 푸르다	白 희다	黑 검다
B	红色 빨간색	黄色 노란색	蓝色 파란색	绿色 초록색	白色 흰색	黑色 검정색
C	红的 붉은 것	黄的 노란 것	蓝的 파란 것	绿的 푸른 것	白的 흰 것	黑的 검은 것

A는 형용사술어이다. B는 명사로 "색깔"을 표현하며, C는 구로 的 뒤에 표현하고자 하는 사물을 생략하여 색깔을 띈 사물을 의미한다.

天已经**黑**了。
她把眼睛哭**红**了。
韩国人喜欢**白色**, 中国人喜欢**红色**。
她的头发是**黄色**的, 还是**红色**的?

본문 2

소영이와 지은이가 함께 쇼핑을 하는데...

吴小莹：耐克 运动鞋， 真 漂亮!
Nàikè yùndòngxié, zhēn piàoliang!

这 双 运动鞋 多少 钱?
Zhè shuāng yùndòngxié duōshao qián?

店 员：550 块。
Wǔbǎi wǔshíkuài.

吴小莹：能 不能 便宜 一点儿?
Néngbunéng piányi yìdiǎnr?

店 员：500 块 吧。 您 要 黑色的，还是 蓝色的?
Wǔbǎi kuài ba. Nín yào hēisède, háishì lánsède?

吴小莹：我 要 两 双! 一 双 黑色的， 一 双 蓝色的。
Wǒ yào liǎng shuāng! Yìshuāng hēisède, yìshuāng lánsède.

金知恩：你 觉得 贵不贵?
Nǐ juéde guìbuguì?

吴小莹：在 上海， 名牌 运动鞋 才 500块的话， 太 便宜 了。
Zài Shànghǎi, míngpái yùndòngxié cái wǔbǎikuài dehuà, tài piányi le.

白色 흰색
红色 붉은색
黄色 노란색
绿色 녹색

연습문제

01 녹음을 듣고 다음 단어에 해당하는 한자를 쓰십시오.

(1) kěyǐ

(2) piányi

(3) kùzi

(4) shàngshì

(5) míngpái

(6) yánsè

02 다음 틀린 문장을 바르게 고치십시오.

(1) 这件衣服一点儿贵，我想买别的。

(2) 你还是喝咖啡喝茶？

(3) 这两天你太累了，需要休休息息。

연습문제

03 알맞은 표현을 빈칸에 쓰십시오.

有点儿	一点儿	还是	要

(1) 这个房间大 ________ 就好了。

(2) 天气 ________ 凉, 你多穿些衣服。

(3) 放假的时候, 你去日本 ________ 中国?

(4) 他脸色不太好 ________ 休息几天。

WORKBOOK

01 다음 대화를 듣고 맞는 표현을 쓰십시오.

(1) A : 这条裙子有点长, ________ 别的吧。

B : 没关系, 我喜欢长裙子。

(2) A : 这双运动鞋太贵了, ________ 便宜点儿?

B : 好吧, 那就100块钱吧。

(3) A : 我有点儿饿了, 我们去吃饭吧。

B : 好啊, 你吃炒饭 ________ 炸酱面?

02 다음 표현들을 어순에 맞게 쓰십시오.

(1) 这个周末 / 你 / 一下 / 休息 / 好好

____

(2) 我 / 贵 / 觉得 / 这件衣服 / 有点儿

____

(3) 明天 / 后天 / 去 / 还是 / 你 / 首尔

____

03 다음 문장을 중국어로 바꾸어 보십시오.

(1) 흰색 옷은 좀 큽니다. 좀 작은 것은 없나요?

(2) 이 치마는 신상이라 싸게 할 수 없어요.

(3) 중국 여행을 겨울방학에 갈까 아니면 여름방학에 갈까?

10

南浦洞的衣服比百货店的便宜。

남포동의 옷은 백화점의 것보다 싸.

학 습 목 표

결과표현 2	"동사 + 中"
정도표현	"~极了"
비교표현 1	차등비교 "比"
비교표현 2	동등비교 "和(跟) ~一样 / 差不多"

새로운 낱말

百货店	bǎihuòdiàn	명 백화점
看中	kànzhòng	동 마음에 들다
迷你裙	mínǐqún	명 미니스커트
极	jí	부 아주
什么地方	shénmedìfang	의대 어디
时髦	shímáo	형 유행이다
比	bǐ	전 ~에 비하여
件	jiàn	양 벌(의류를 세는 단위)
热裤	rèkù	명 핫팬츠
牛仔裤	niúzǎikù	명 청바지
顶	dǐng	양 꼭대기가 있는 물건을 세는 단위
帽子	màozi	명 모자
原价	yuánjià	명 원가
差不多	chàbuduō	형 비슷하다, 차이가 없다
至少	zhìshǎo	부 적어도, 최소한
…以上	… yǐshàng	접미 … 이상
南浦洞	Nánpǔdòng	고유 남포동

문형확장

看中了 kànzhòng le
看中了一件大衣 kànzhòng le yí jiàn dàyī
在百货店看中了一件大衣 zài bǎihuòdiàn kànzhòng le yí jiàn dàyī
我在百货店看中了一件大衣 wǒ zài bǎihuòdiàn kànzhòng le yí jiàn dàyī

去别的地方 qù biéde dìfang
去别的地方买 qù biéde dìfang mǎi
可以去别的地方买呀 kěyǐ qù biéde dìfang mǎi ya
你可以去别的地方买呀 nǐ kěyǐ qù biéde dìfang mǎi ya

衣服 yīfu
南浦洞的衣服 Nánpǔdòngde yīfu
南浦洞的衣服便宜 Nánpǔdòngde yīfu piányi
南浦洞的衣服比百货店的便宜 Nánpǔdòngde yīfu bǐ bǎihuòdiànde piányi

我看中的 wǒ kànzhòngde
我在百货店看中的 wǒ zài bǎihuòdiàn kànzhòngde
和我在百货店看中的差不多 hé wǒ zài bǎihuòdiàn kànzhòngde chàbuduō
这条热裤和我在百货店看中的差不多 zhè tiáo rèkù hé wǒ zài bǎihuòdiàn kànzhòngde chàbuduō

표현 익히기

주요 표현을 함께 만들어 보아요.

1 진짜 예쁘지만, 너무 비싸요.

漂亮 ______ ， 不过 ______ 贵 ______ 。
jíle　tài　le

2 그 곳의 옷은 세련되고 값도 싸요.

那儿的衣服 ______ 时髦 ______ 便宜。
yòu　yòu

3 남포동의 옷은 백화점보다 쌉니다.

南浦洞的衣服 ______ 百货店的便宜。
　　　　　　　bǐ

4 이 핫팬츠는 내가 백화점에서 마음에 들어한 것과 비슷합니다.

这条热裤 ______ 我在百货店看中的 ______ 。
　　　　　hé　　　　　　　　　　　chàbuduō

주요 표현 및 문법 1

1. 동사 + 中

어떠한 목적을 달성하거나 이뤘음을 나타낼 때 동사 뒤에 결과보어 "中"을 붙여 표현한다.

단음절 동사술어 + 中

看**中**了
猜**中**了
射**中**了
考**中**了

2. 정도표현 : "~极了"

"매우, 아주"의 정도를 표현할 때 일반적으로 "很"을 사용한다. 그러나 이보다 정도가 더 높은 경우에는 형용사술어 뒤에 "极了"를 붙여서 정도가 높음을 표현한다.

주어 + 형용사술어 极了

今天冷**极了**。
上海的夏天热**极了**。
百货店的衣服漂亮**极了**。
妹妹考了100分, 妈妈高兴**极了**。

본문 1

소영과 지은, 이야기를 나누다.

吴小莹 : 我 在 百货店 看中了 一 条 迷你裙。
Wǒ zài bǎihuòdiàn kànzhòng le yìtiáo mínǐqún.

金知恩 : 漂亮 吗?
Piàoliang ma?

吴小莹 : 漂亮 极了, 不过 太 贵 了。
Piàoliang jíle, búguo tài guìle.

金知恩 : 百货店的 衣服 当然 很 贵, 你 可以 去 别的 地方 买 呀!
Bǎihuòdiànde yīfu dāngrán hěn guì, nǐ kěyǐ qù biéde dìfang mǎi ya!

吴小莹 : 去 什么地方?
Qù shénmedìfang?

金知恩 : 去南浦洞 国际市场。
Qù Nánpǔdòng guójìshìchǎng.

吴小莹 : 南浦洞的 衣服 怎么样?
Nánpǔdòngde yīfu zěnmeyàng?

金知恩 : 那儿的衣服又时髦又便宜。
Nàrde yīfu yòu shímáo yòu piányi.

别的颜色 다른 색깔
别的课 다른 수업
别的地方 다른 곳
别的人 다른 사람
别的东西 다른 물건
别的百货店 다른 백화점

주요 표현 및 문법 2

1. 비교 표현1 : "比"

두 대상의 비교를 통해 차이를 설명하고자 할 때 "比"로 "~보다 ~하다"의 의미를 표현한다. 비교표현 시 형용사술어 앞에 "더, 훨씬"등의 의미는 "还, 更"으로만 보충할 수 있으며, "很, 太, 非常, 真"은 쓸 수 없다. 비교 차이는 수량구(三厘米, 三公斤, 一点儿 등)를 형용사 술어 뒤에서 보충할 수 있다.

주어 + 比 비교대상 + 형용사술어 + <비교차이>

단순 비교	정도 비교	수량 비교
我比你高。	我比你更高。	我比你高三厘米。
他比我重。	他比我还重。	他比我重两公斤。
这本书比那本书贵。	这本书比那本书更贵。	这本书比那本书贵一点儿。

我比她大。
今天比昨天热。(今天比昨天很热。×)
妈妈很忙, 爸爸比妈妈更(还)忙。
南浦洞的衣服比百货店的便宜。
我比我妹妹胖三公斤。

2. 비교 표현2 : "~和(跟)一样 / 差不多"

두 대상의 비교를 통해 거의 동일하거나 비슷한 경우 "~和(跟)一样 / 差不多"로 "~와　같다, ~와　비슷하다"의 의미를 표현한다.

주어 和(跟) 비교대상 一样
주어 和(跟) 비교대상 差不多

今天和昨天一样热。
姐姐和妹妹一样, 都很漂亮。
这件大衣和我在百货店看中的差不多。

본 문 2

며칠 뒤……

吴小莹 : 你 说得 对, 南浦洞的 衣服 比 百货店的 便宜。
Nǐ shuōde duì, Nánpǔdòngde yīfu bǐbǎihuòdiànde piányi.

金知恩 : 你 去南浦洞 了 吗?
Nǐ qù Nánpǔdòng le ma?

吴小莹 : 去了。我买了 一 条 热裤、一 条 牛仔裤 和 一 顶 帽子。你看!
Qù le. wǒ mǎile yìtiáo rèkù、 yìtiáo niúzǎikù hé yìdǐng màozi. nǐ kàn!

金知恩 : 哇, 热裤 真 漂亮。 多少钱?
Wā, rèkù zhēn piàoliang. Duōshaoqián?

吴小莹 : 六万三千块, 原价 七万五 呢。
Liùwànsānqiān kuài, yuánjià qīwànwǔ ne.

金知恩 : 六万三, 不太 贵 嘛。
Liùwànsān, bútài guì ma.

吴小莹 : 这 条 热裤 和 我 在 百货店 看中的 差不多。
Zhètiáo rèkù hé wǒ zài bǎihuòdiàn kànzhòngde chàbuduō.

金知恩 : 如果 在 百货店 买, 至少 要 十万块 以上 吧。
Rúguǒ zài bǎihuòdiàn mǎi, zhìshǎo yào shíwàn kuài yǐshàng ba.

연습문제

01 녹음을 듣고 다음 단어에 해당하는 한자를 쓰십시오.

(1) rèkù

(2) shímáo

(3) yuánjià

(4) màozi

(5) yǐshàng

(6) zhìshǎo

02 다음 틀린 문장을 바르게 고치십시오.

(1) 妹妹一样跟我喜欢吃甜的。

(2) 这双鞋贵点儿比那双鞋。

(3) 他汉语说得很流利，发音不过不太准。

연습문제

03 알맞은 표현을 빈칸에 쓰십시오.

极了	比	不过	差不多

(1) 听说他最近生病了, ______ 不是很严重。

(2) 红色的和蓝色的大小都 ______ 。

(3) 今天天气热 ______ 。

(4) 这本书 ______ 那本书更便宜。

WORKBOOK

01 다음 대화를 듣고 맞는 표현을 쓰십시오.

(1) A : 我在市场 ______ 一顶帽子, 不过只有黑色的。

B : 最近黑色帽子很流行。

(2) A : 这个手机在韩国 ______ 一百万。

B : 真的吗? 太贵了。

(3) A : 你和你妹妹谁更高?

B : 我们两个 ______ 高。

02 다음 표현들을 어순에 맞게 쓰십시오.

(1) 昌原的夏天 / 热 / 北京的夏天 / 比 / 更

______

(2) 我的爱好 / 朋友的爱好 / 跟 / 不一样

______

(3) 这里 / 非常 / 多 / 安静 / 人 / 不过 / 很

______

03 다음 문장을 중국어로 바꾸어 보십시오.

(1) 이 방은 저 방보다 조금 작은 것 같다.

(2) 이 음식은 비슷해 보이기는 하지만 맛이 다르다.

(3) 제가 좋은 대학에 붙어서 어머니는 너무 기뻐하신다.

11

祝你生日快乐!

생일 축하해!

학습목표

“갑자기, 뜻밖에”의 의미	“突然”
선택표현	“或者”
“막, 방금”의 의미	“刚”
축하표현	여러 가지 축하인사

새로운 낱말

祝贺	zhùhè	동 축하하다
准备	zhǔnbèi	동 준비하다
礼物	lǐwù	명 선물
突然	tūrán	부 갑자기
玫瑰花	méiguīhuā	명 장미꽃
送	sòng	동 보내다, 선물하다
不好意思	bùhǎoyìsi	형 부끄럽다, 창피하다
巧克力	qiǎokèlì	명 초콜릿
蛋糕	dàngāo	명 케이크
普通	pǔtōng	형 평범하다
打工	dǎgōng	동 아르바이트하다
领	lǐng	동 받다
工资	gōngzī	명 월급, 임금
份	fèn	양 몫
炸猪排	zházhūpái	명 돈가스
点	diǎn	동 주문하다
没问题	méiwèntí	동 문제없다
牛排	niúpái	명 스테이크
生日快乐	shēngrìkuàilè	생일 축하해!

문형확장

吴小莹的生日 Wǔ Xiǎoyíngde shēngrì
下周三是吴小莹的生日 xiàzhōusān shì Wǔ Xiǎoyíngde shēngrì
知恩说下周三是吴小莹的生日 Zhī'ēn shuō xiàzhōusān shì Wǔ Xiǎoyíngde shēngrì
听知恩说下周三是吴小莹的生日 tīng Zhī'ēn shuō xiàzhōusān shì Wǔ Xiǎoyíngde shēngrì

喜欢 xǐhuan
喜欢玫瑰花 xǐhuan méiguīhuā
最喜欢玫瑰花 zuì xǐhuan méiguīhuā
女孩子最喜欢玫瑰花吧 nǚháizi zuìxǐhuan méiguīhuā ba

最近在打工 zuìjìn zài dǎgōng
韩彬最近在打工 Hánbīn zuìjìn zài dǎgōng
韩彬最近在打工, 领了工资 Hánbīn zuìjìn zài dǎgōng, lǐng le gōngzī
韩彬最近在打工, 昨天刚领了工资 Hánbīn zuìjìn zài dǎgōng, zuótiān gāng lǐng le gōngzī

炸猪排 zházhūpái
一份炸猪排 yí fèn zházhūpái
要一份炸猪排 yào yí fèn zházhūpái
我要一份炸猪排 wǒ yào yí fèn zházhūpái

표현 익히기

주요 표현을 함께 만들어 보아요.

1 갑자기 장미를 선물하면 조금 부끄러울꺼야.

______ 送玫瑰花 ______ 不好意思吧。

Tūrán　　　　yǒudiǎnr

2 너무 평범해.

______ 普通 ______ 。

Tài　　　　le

3 오늘 내가 너희들에게 한 턱 낼께!

今天我 ____ 你们 ____ !
qǐng chīfàn

4 생일 축하해!

____ 你生日快乐!
Zhù

주요 표현 및 문법 1

1. "갑자기, 뜻밖에"의 의미 : "突然"

"갑자기, 뜻밖에"의 의미는 "突然"을 동사술어 앞에서 부사어로 써서, 동작이 갑작스럽게, 예상 밖의 상황이 발생했음을 표현한다. 또 "突然"은 "很, 太, 十分, 非常, 特别"의 수식을 받아 형용사술어로 "갑작스럽다, 뜻밖이다"의 의미로도 표현한다.

주어 + 突然(부사어) + 동사술어
주어 + 很, 太, 十分, 非常, 特别 + 突然(형용사술어)

我**突然**想起来了。
突然停电了。
突然送玫瑰花, 有点儿不好意思吧。
她心情变得很**突然**。

2. 선택 표현 : "或者"

둘 혹은 그 이상의 상황을 선택할 때 접속사 "或者"를 써서 선택의미를 표현한다.
A, B는 단어, 구, 문장 모두 가능하다. 단, "或者"는 "还是"와 의미는 동일하나, "或者"는 진술문에서만 쓰이고, "还是"는 의문문에만 쓰인다. (9과 참조)

A 或者 B

那我送巧克力**或者**蛋糕。
你买西瓜**或者**香瓜吧!
你可以问我**或者**她。
我有空的时候 看书**或者**听音乐。

본 문 1

李　俊 : 听 知恩 说 下周三 是 吴小莹的 生日。
Tīng Zhīēn shuō xiàzhōusān shì Wú Xiǎoyíngde shēngrì.

姜韩彬 : 是吗?
Shìma?

李　俊 : 我们 周三 晚上 一起 吃 饭，　祝贺 小莹的 生日。
Wǒmen zhōusān wǎnshang yìqǐ chīfàn, zhùhè Xiǎoyíngde shēngrì.

姜韩彬 : 那 要 准备 什么 礼物 呢?
Nà yào zhǔnbèi shénme lǐwù ne?

李　俊 : 女孩子 最 喜欢 玫瑰花 吧。
Nǚháizi zuì xǐhuān méiguīhuā ba.

姜韩彬 : 突然 送 玫瑰花，　有点儿 不好意思 吧。
Tūrán sòng méiguīhuā, yǒudiǎnr bùhǎoyìsi ba.

李　俊 : 那你就送巧克力或者蛋糕。
Nà nǐ jiù sòng qiǎokèlì huòzhě dàngāo.

姜韩彬 : 太 普通 了。还是一起吃饭吧，我 请客!
Tài pǔtōng le. Háishì yìqǐ chīfàn ba, wǒ qǐngkè!

李　俊 : 好，那 我 准备 生日 蛋糕 吧。
Hǎo, nà wǒ zhǔnbèi shēngrì dàngāo ba.

주요 표현 및 문법 2

1. "막, 방금"의 의미 : "刚"

"막, 방금"의 의미는 "刚"을 동사술어 앞에 써서 동작이 말하기 바로 전에 발생했음을 표현한다. 또 "刚"은 "刚刚"으로 사용해도 된다. 하지만 동일한 의미인 "刚才"와는 차이가 있다.

주어 + 刚 + 동사(일부형용사) 술어

* "刚"이나 "刚刚"은 부사이기 때문에 술어 앞부분에만 써야 하고, '刚才'는 시간명사이므로 주어 앞, 뒤도 쓰일 수 있다.

他刚走。 [비교 : 刚才他走了。]
我弟弟刚睡着了。
我刚到中国, 还不会说中文。
他最近在打工, 昨天刚领了工资。

2. 축하 표현

축하할 때 사용할 수 있는 다양한 표현.

祝你生日快乐。
祝贺你找到了工作。
祝贺你们新婚。
恭喜恭喜!

본문 2

네 명의 친구가 레스토랑에서...

李　俊 : 你们 想 吃 什么， 今天 韩彬 请客。
Nǐmen xiǎng chī shénme, jīntiān Hánbīn qǐngkè.

金知恩 : 真的?
Zhēnde?

姜韩彬 : 是, 今天 我 请 你们 吃饭!
Shì, jīntiān wǒ qǐng nǐmen chīfàn!

李　俊 : 韩彬 最近 在 打工， 昨天 刚 领了 工资。
Hánbīn zuìjìn zài dǎgōng, zuótiān gāng lǐngle gōngzī.

金知恩 : 小莹， 你 想 吃 什么?
Xiǎoyíng, nǐ xiǎng chī shénme?

吴小莹 : 我 要 一 份 炸猪排。
Wǒ yào yí fèn zházhūpái.

金知恩 : 我呢……点 贵的 也 可以 吗?
Wǒ ne…… diǎn guìde yě kěyǐma?

姜韩彬 : 没 问题。
Méi wèntí.

金知恩 : 我 要 一份 牛排。
Wǒ yào yí fèn niúpái.

李　俊 : 我 准备了 生日 蛋糕。
Wǒ zhǔnbèi le shēngrì dàngāo.

姜韩彬 : 来, 我们 干杯!
Lái, wǒmen gānbēi!

三个人 : 小莹， 祝你 生日 快乐!
Xiǎoyíng, zhùnǐ shēngrì kuàilè!

연습문제

01 녹음을 듣고 다음 단어에 해당하는 한자를 쓰십시오.

(1) dàngāo

(2) zhùhè

(3) pǔtōng

(4) dǎgōng

(5) lǐwù

(6) gōngzī

02 다음 틀린 문장을 바르게 고치십시오.

(1) 刚我到韩国的时候，一点都韩语不会说。

(2) 有不懂的问题可以你问我或者知恩。

(3) 你祝贺考上名牌大学。

연 습 문 제

03 알맞은 표현을 빈칸에 쓰십시오.

突然	或者	刚刚	非常

(1) 我 ______ 还看见他了呢，怎么一下子不见了？

(2) 我们正在聊天，不知怎么她 ______ 哭了起来。

(3) 明天小莹请客，我们吃意大利面 ______ 汉堡包吧。

(4) 这是昨天买的西瓜，看起来很小，但 ______ 好吃。

WORKBOOK

01 다음 대화를 듣고 맞는 표현을 쓰십시오.

⑴ A : 突然送她礼物, 她会有点儿 ______ 吧?

B : 不会的, 她会很高兴的。

⑵ A : 明天是朋友的生日, 送什么礼物好呢?

B : 我觉得送一些平时他喜欢吃的 ______ 常用的。

⑶ A : 你这个月打工 ______ 多少工资?

B : 我这个月请了几天假, 没多少工资。

02 다음 표현들을 어순에 맞게 쓰십시오.

⑴ 我们 / 市场 / 去 / 买 / 或者 / 西瓜 / 香瓜

______

⑵ 她 / 变得 / 心情 / 突然 / 很好

______

⑶ 刚 / 国际机场 / 仁川 / 飞机 / 到

______

03 다음 문장을 중국어로 바꾸어 보십시오.

(1) 조금 전까지만 해도 날씨가 좋았는데 갑자기 비가 내린다.

(2) 결혼을 진심으로 축하합니다.

(3) 매주 일요일 아침에는 산책하거나 책을 읽는다.

12

复习 복습

학습목표

7 ~11과의 표현을 복습하기	7 ~11과의 문법을 복습하기

필수어휘

办法	bànfǎ	명 방법
钱	qián	명 돈
颜色	yánsè	명 색깔
名牌	míngpái	명 브랜드
原价	yuánjià	명 원가
夸奖	kuājiǎng	동 칭찬하다
留学	liúxué	동 유학하다
习惯	xíguàn	동 적응하다, 익숙해지다
告诉	gàosu	동 알리다, 말하다
提高	tígāo	동 향상시키다
预订	yùdìng	동 예약하다
放假	fàngjià	동 방학하다
试试	shìshi	동 시도하다, 시험하다
祝贺	zhùhè	동 축하하다
准备	zhǔnbèi	동 준비하다
送	sòng	동 보내다
领	lǐng	동 받다
点	diǎn	동 주문하다
香	xiāng	형 맛있다
浪漫	làngmàn	형 낭만적이다
便宜	piányi	형 싸다
贵	guì	형 비싸다
时髦	shímáo	형 유행이다
差不多	chàbuduō	형 비슷하다
普通	pǔtōng	형 평범하다
还	hái	부 또, 게다가
极	jí	부 아주
至少	zhìshǎo	부 적어도, 최소한
突然	tūrán	부 갑자기
会	huì	조동 ~할 줄 안다
可以	kěyǐ	조동 ~어도 괜찮다, ~해도 된다

필수표현

1. 시점표현

我们到火车站**的时候**, 火车已经开走20分钟了。

刚来**的时候**不习惯, 现在好多了。

2. 동작상태표현

他汉语说**得**很流利。

你考试考**得**好吗?

3. 반어표현

怎么能提高汉语听力**呢**?

你**怎么能**骗人**呢**?

4. 강조표현

她一定**会**很高兴**的**。

你一定**会**成功**的**。

5. 동작회수표현

我去过**两次**中国。

你去**一趟**吧。

6. 동시동작표현

她**一边**走**一边**打电话。

我喜欢**一边**看书**一边**听音乐。

7. 연속표현

我一看**就**知道怎么回事了。

一放假**就**回家乡。

필수표현

8. 빈도표현

我**经常**去看电影。
我们**经常**吃汉堡包。

9. 수여표현

他**给**我买一件衣服。
我**给**你看那部电影。

10. 시도표현 : 동사중첩

您**试一试**这条裤子吧。
我喜欢周末在家**看看**书、**听听**音乐。

11. "조금, 약간"의 의미 : "**有点儿**, **一点儿**"

他**有点儿**不高兴。
太贵了, 能不能便宜**一点儿**。

12. "갑자기, 뜻밖에"의 의미 : "**突然**"

她**突然**哭了起来。
事情很**突然**。

13. 선택의문표현 : "**还是**"

你明天去**还是**后天去?
你喜欢黑色的, **还是**蓝色的?

14. 정도표현

北京的夏天热**极了**。
这件衣服漂亮**极了**。

15. 비교표현

我**比**他高。
这件大衣**和**我在百货商店看中的**差不多**。

16. 선택표현

你吃巧克力**还是**蛋糕?
我有空的时候, 看书**或者**听音乐。

17. 축하표현

祝你生日快乐。
祝贺你找到了工作。

진광호

부산외국어대학교 중국학부

주홍

부산외국어대학교 중국학부

이길연

창신대학교 중국어학과

위수광

창신대학교 중국어학과

생생한 LIVE 중국어 2

1판 1쇄 발행 _ 2014년 9월 10일
1판 2쇄 발행 _ 2018년 12월 20일

저 자 • 진광호 · 주홍 · 이길연 · 위수광
발 행 인 • 정 현 걸
발 행 • 신 아 사
인 쇄 • 토탈프로세스
출판등록 • 1956년 1월 5일 (제9–52호)
주 소 • 서울특별시 은평구 통일로 59길 4
전 화 • 02)382–6411 · 팩스 02)382–6401
홈페이지 • www.shinasa.co.kr
E - MAIL • shinasa@daum.net

ISBN 978–89–8396–873–9(93720)

정가 *15,000*원